全国职工素质建设工程

培训教材系列

全国现代家政服务岗位培训专用教材

家政从业人员自我保护手册

JIAZHENG CONGYERENYUAN
ZIWO BAOHU SHOUCE

杨 琳 编著

中国工人出版社

图书在版编目(CIP)数据

家政从业人员自我保护手册 / 杨琳编著.—北京：中国工人出版社,2012.12

ISBN 978-7-5008-5404-3

Ⅰ.①家… Ⅱ.①杨… Ⅲ.①家政服务—服务人员—权益保护—中国—手册 Ⅳ.①D922.5-62

中国版本图书馆 CIP 数据核字(2012)第 301718 号

家政从业人员自我保护手册

出 版 人 李庆堂
责任编辑 安 静 李素素
责任校对 孙乃伟
责任印刷 马东旭
出版发行 中国工人出版社(北京市东城区鼓楼外大街 45 号 邮编:100120)
网 址 http://www.wp-china.com
电 话 010-62350006(总编室) 010-62382916(职工教育分社)
010-82075964(传真)
发行热线 010-62005996 82075964(传真)
读者服务 010-62389465
经 销 各地书店
印 刷 北京睿特印刷厂
开 本 710 毫米×1000 毫米 1/16
印 张 9
字 数 130 千
版 次 2013 年 7 月第 1 版 2013 年 7 月第 1 次印刷
定 价 18.00 元

前　言

近年来，随着我国经济、社会的不断发展和进步，社会竞争日趋激烈，一些经济发达地区的工作、生活节奏也明显加快，许多人没有更多的精力照顾家庭，但对家庭生活质量的要求却越来越高。同时，中国社会也正逐步呈现出家庭规模小型化、人口老龄化的发展趋势，越来越多的老人需要有人在家照料。经济发展、社会进步促进了我国家政服务业的发展，社会老龄化和独生子女比例增大，迫切需要家政服务。

目前，家政服务业在我国已经成为一个规模庞大并具有极大发展潜力的服务领域，家政从业人员不再被认为是不体面的工作，而和所有其他职业一样被看做是社会分工下的一种行业。许多家政服务人员在众多城市家庭中，用辛勤的汗水奉献自己，为雇主提供优质的家政服务，在实现人生价值，获得劳动报酬的同时，也在为经济的发展、社会的安全稳定默默地做着自己的贡献。

家政从业人员是进入雇主家庭并根据合同规定为所服务的家庭提供家政服务的人员。由于工作场所和工作内容的特殊性，不仅要求家政从业人员具备一定的家庭服务操作技能，更要具备必要的人际交往、自我保护及家庭安全知识、意识和技能，懂得保护自己和雇主家庭人身、财产安全，才能更好地维护雇主及个人的合法权益，得到雇主家庭和社会的尊重、认可，也才能够长久地做好家政服务工作。

目 录

第 一 章

职业认知篇

心态决定成败。能否做好家政服务工作并不完全取决于工作技能的完善与否，而在很大程度上取决于家政从业人员有没有一种健康的择业心态和良好的职业规范。只有克服世俗观念和自卑心理，在心理上真正接受、热爱这份工作，自觉遵守职业道德和行为规范，才能更好地做好这份职业工作。

1 我国家政服务机构的主要运作模式有哪些

我国家政服务机构的主要运作模式有以下两种：

（1）中介式管理模式。中介式管理模式是目前家政服务机构运作最多的模式。家政从业人员与中介公司没有隶属关系，中介公司为家政从业人员和雇主提供的是一种信息服务。中介公司负责为雇主双方办理《家政服务合同》的签订与解除手续，签订合同的主体是家政从业人员与雇主。中介公司收取介绍服务费。

（2）员工管理模式。目前，在我国家政企业中只有少数的企业实行员工管理模式。家政从业人员与家政公司签订《劳务合同》，家政从业人员作为家政公司的员工，由家政公司派遣到雇主家庭去从事家政服务工作。雇主需要雇用家政从业人员时，需要和家政公司洽谈服务条件、服务报酬，并与家政公司签订用工合同，家政公司根据雇主的需求为其提供合适人选。雇主需将服务费交到家政公司，家政从业人员工资由家政公司支付。

2 应该怎样正确看待自己的职业

当前，我国正处在家政服务业的快速发展时期，虽然目前我国家政服务业的现状不容乐观，仍然处在起步阶段。但是，从发展趋势看，作为21世纪的十大朝阳产业之一，作为第三产业的生力军，家政服务业具有发展快，后劲足的特点，拥有巨大的发展空间和市场潜力。毋庸置疑，在不久的将来，家政服务业必将对城镇经济的发展发挥重要作用，成为我国经济发展的一个新亮点。

家政服务是为满足雇主家庭生活需求，进入雇主家庭提供服务，促进家庭生活质量提高和家庭生活幸福美满的职业。同其他职业一样，只是社会分工不同，没有高低、贵贱之分。家政从业人员通过自己的辛勤劳动为雇主的家庭解决后顾之忧，大大地减轻或免除了雇主家务劳动的负担，使其能够全身心投入工作，追求事业发展，同样是在为社会做贡献，只是工作的对象不同而已。

同时，家政从业人员也是凭借自己诚实的劳动，按劳取酬，是靠自己的双手吃饭，同样是劳动者，理应受到社会尊重。

所以，家政从业人员没有理由轻视自己的职业。要正确看待自己的职业，树立正确的择业观，时刻保持良好的心态，以和雇主人格平等的态度坦然面对雇主，真诚相待，不卑不亢，胸怀坦荡，勤奋进取。自尊、自强、自信、自爱，才能更好地保护自己，做好家政服务工作。

3 家政从业人员与传统保姆有什么不同

现代家政服务业是现代社会的新兴产业，对家庭和社会有着重要作用，从事这个行业的家政从业人员也不再是传统意义上的保姆和佣人。

（1）社会地位不同。传统的保姆、佣人与雇主的关系是主仆关系，具有人身依附性，在人格和社会地位上都是不平等的。而现代家政从业人员是国家认定的正式社会职业，受到国家法律保护，与雇主的关系是职业上的雇用关系，没有人身依附关系，在人格和社会地位上是平等的，这是两者在根本性质上的不同。

（2）工作内容不同。传统的保姆、佣人的工作比较单一，不外乎带孩子、洗衣服、打扫卫生、负责主人饮食等一些简单的家务劳动。而现代家政服务的工作内容广泛而且技术含量高，很多工作都需要经过专业技能培训，除一般的家务工作外，专业的家政服务还要视其具体工作内容，学会家庭保健、护理婴幼儿及

孕产妇、家居美化、家庭法律维权及会使用各种现代家用电器、计算机，懂得网络知识等。

(3) 工作规范不同。传统的保姆工作虽然是一份工作，但并不是一种正规职业，没有统一的行业规范。保姆工作怎样、能力如何、雇主要求是否过分等，没有统一的标准可依。如果发生纠纷则属于主仆间的私事，很难得到公平评判。而现代家政服务成为国家正式职业后，对工作内容、形式的要求有明确的规范，工作中有了纠纷可按规范标准进行评估，分清是非，依照有关法律保护双方的正当权益。

4 应该怎样正确看待自己

家政从业人员应该从以下三个方面正确认识自我：

(1) 正确看待自己。就是要能够根据自身的实际情况和特点，准确找到自己在社会生活中的定位，通过自身努力，得到社会认可，实现人生价值。家政从业人员必须正确认识自己，深刻理解家政服务的性质和职业特点。例如，一名下岗的女工，当从事做家政从业人员工作时，她的身份、地位都发生巨大的变化，从一名产业工人变成家政从业人员，从一家之主，变成为其他家庭提供服务工作的家政从业人员，这是一个巨大的变化，必须要在思想上适应这种变化，必须重新认识自己，认识这份新的职业。

(2) 要充分认识重新就业能够解决家庭的经济问题，通过劳动增加收入可以提高家庭生活质量，也是在为国家减轻就业压力。同时要将从事家政服务工作作为人生新起点，只有在思想上有了正确的认识，才可能承受来自社会方方面面的压力。家政服务作为现代社会的新兴产业，为城市、农村的剩余劳动力提供了新的就业岗位，是适合当前下岗女职工和农村劳动力转移女性就业的职业。

(3) 除了要充分认识自己工作的意义及自身的优势外，同时还需要客观面对并勇于承认自身存在的劣势，走出观念的误区和心理的阴影，认清形势，去除消极情绪，发挥自身潜力，变自卑为自信，转变观念，提高素质。努力适应改革和发展的新要求，努力改变文化科技知识不足的劣势，积极参与市场竞争，在干中学，在学中干，自立自强，在求生存中求发展，在优势行业中发挥更大作用，努力成为家政服务行业中的行家里手。

5 应该怎样把握好职业定位

家政从业人员应从以下三个方面做好职业定位：

（1）家政服务是一种特殊的职业。家政从业人员作为一名非家庭成员进入到一个家庭之中，她不是这个家庭的成员却要承担这个家庭中的某些劳动职责（例如操持家务、照料婴幼儿等），甚至要和这个家庭生活在一起，而在承担家庭职责的过程中又没有完全的自主权。作为一种职业行为，努力完成合同约定的服务内容，是家政从业人员的职责所在。

（2）家政从业人员在服务中要有主人翁意识，要把雇主的家庭事务当做自己的事去做，竭尽全力做好服务，不辜负雇主的信任。

（3）在尽心尽职完成好自己的本职工作的同时，又要摆正自己的位置，掌握好服务分寸。要按照雇主的意愿行事，主观意识不要太强，不参与雇主家庭内政。在服务过程中要主动征求雇主意见，接受他们的服务指导，任何时候都不要喧宾夺主，而应做到有礼有节，服务有度，到位不越位。

6 应该具备什么条件

家政从业人员需要具备以下条件：

（1）年满18周岁，有合法的身份证件。

（2）受过初中以上或同等学历教育，具有一定的学习能力和语言表达能力。

（3）身体健康，持有县级（含）以上医院的体检合格证明。

（4）具备从事家政服务工作的基本知识和技能，有与人沟通的能力。能够达到雇主的基本服务要求。

（5）具备良好的心理素质和较强的心理承受能力，为人处世宽容大度，能够适应家政服务这种特殊服务的环境和氛围。

7 应该具备哪些职业规范

家政从业人员应该具备以下职业规范：

（1）爱岗敬业，诚实守信。家政从业人员既然选择了家政服务职业，就要热爱自己的本职工作，认真对待自己的岗位，干一行，爱一行，积极主动完成约定的职责，说老实话、办老实事，表里如一，信守承诺，忠实于自己的雇主，尽职尽责，用诚实的劳动赢得雇主家庭的信任。

（2）好学进取，精益求精。现代家政服务工作看似简单，其实大有学问，处处都包含着科学知识。家政从业人员要用积极主动的心态不断地去学习新知识、积累新经验，不懂就问，不会就学，不断提高家政服务操作技能和自身综合素质，满足不同雇主的需求，以更好地体现自身的价值。

（3）善解人意，宽容忍让。家政从业人员进入雇主家工作，要能够和他人进行换位思考，尊重雇主家庭生活习惯，宽容雇主家庭成员的性格特点，善于理解雇主的意思、想法，与雇主家人和睦相处。根据雇主的要求提供服务，切不可自作主张，按自己的意愿或习惯去安排雇主的生活。

（4）善于沟通，不卑不亢。家政从业人员要注意与雇主家庭建立相互信任的融洽关系，平时与雇主沟通要善于倾听交流，主动征询意见，虚心接受批评，积极改正错误，产生矛盾及时解决。要注意坦诚相待，光明磊落，说话办事要有恰当的分寸，善于消除隔阂误会，既不低声下气，也不傲慢自大。对于雇主的无理纠缠，无端猜疑以及其他不礼貌的行为要持郑重态度，做到胸怀坦荡，有理有节，落落大方。要学会用法律武器保护自己，如果生命安全、身心健康、人身自由等人身权利受到他人侵犯伤害时，要勇敢地向有关部门检举揭发，以获得法律保护。

（5）保护隐私，遵纪守法。雇主把家务托付给家政从业人员，是对家政从业人员的信任。家政从业人员要珍惜这份信任，尽心做好本职工作，对职责以外的家庭隐私要视而不见，听而不闻。另外要注意不参与家庭内政，不随意向他人透露雇主家庭情况、说长道短。要遵章守纪，知法、懂法、守法，维护社会公德，爱护雇主的财物，洁身自爱，不贪图小便宜，不挥霍浪费。不该用的东西不要用，不该拿的东西不要拿。若不慎损坏东西，要如实告知雇主，千万不能隐瞒欺骗。要以自己的行动证明自己是一个诚实、值得信任的人。

8 应该牢记哪些行为规范

家政从业人员在日常工作中应严守职业规范，主要的行为规范有：

（1）尊重雇主宗教、信仰，家庭习俗、生活习惯，与雇主家庭成员和睦相处，正确处理和雇主之间的矛盾，虚心接受雇主善意的批评。

（2）讲究个人卫生，注意仪容仪表、言谈举止，讲文明礼貌。

（3）按时完成雇主安排的工作，有事须提前向雇主请假。

（4）安全操作家用电器，做好防水、防电、防事故；节约水、电。

（5）就餐时要吃饱，切忌背着雇主加餐或吃零食。

（6）不乱翻、乱看、乱动雇主的东西，为雇主的家庭财产安全负责。

（7）雇主家的贵重物品、器具、通讯设备、化妆品等，未经雇主的同意，不要随意使用。

（8）工作时小心仔细，如果损坏雇主家东西，应主动向雇主认错，争取雇主的谅解。

（9）不向雇主以各种理由借用财物，或暗示性向雇主索要财物。

（10）不盗窃、赌博、酗酒和打架斗殴，不虐待老、弱、病、残人员。

（11）不与异性成年人同居一室，不和不相识的人乱拉关系。

（12）不带自己的亲友到雇主家中，按时休息，不擅自外出和夜不归宿。

（13）为雇主保守隐私，雇主的私事不要过问，不参与，不传话。

（14）为雇主买东西时一定要记清账目，实报实销。

（15）雇主外出时，客人来访要先通知雇主，经雇主同意后方可打开家门。

（16）与雇主一起外出时，要熟知前往方向和返回乘车路线，注意交通安全，保护好财物和人身安全。

（17）遇事不要慌张，应理智处理，牢记应急电话：雇主电话，物业报修电话，煤气抢修电话，匪警110，火警119，交通事故122，急救120。

（18）家政员工服务结束离开雇主家时，须做好交接工作后方可离开。

（19）遵守公司规章制度，不随意毁约、终止合同、私签合同，依法维护自己的权益。

9 应该避免哪些不文雅行为举止

家政从业人员应注意避免以下不文雅的行为举止：

（1）不在他人面前整理自己的衣物，如穿脱衣服、整理内衣、提袜子、脱鞋等。

（2）不在他人面前梳妆打扮，如梳头、描眉、涂口红等。

（3）不在他人面前抠鼻孔、剔牙、挖耳朵、搓泥垢、修指甲等。

（4）不在他人面前将一只手或双手插在自己衣服口袋内，否则会给人一种工作不尽力、懈怠偷闲的感觉。

（5）不在他人面前指点对方的面部，尤其是鼻尖，这样会给人一种不恭敬的感觉。

（6）不在他人面前摆弄手指、活动关节或莫名其妙地将手指动来动去，这会给人一种不稳重的感觉。

10 在待人接物上应注意哪些礼仪

家政从业人员在待人接物上应注意以下礼仪：

（1）招呼礼仪。进门时一般首先与女主人打招呼，然后再与其他人打招呼。与人相遇时要正面对视，面带微笑，不能斜视，也不要上下打量。进门应按雇主家的生活习惯换脱鞋子，不要东张西望，以免给对方留下心不在焉的印象。

（2）称呼礼仪。初次见面应作自我介绍，介绍时应注意真实简洁、坦率自信。如“您好，我叫王红，是某某家政公司派过来的服务员，您可以叫我小王。”同时，也可以落落大方地询问对方：“请问，我怎么称呼您?”如果雇主有明确的指示称呼，就按指示称呼；如果没有明确指示，一般对男主人称呼某先生，对女主人称呼某小姐或某太太；也可称呼对方为爷爷、奶奶、阿姨、叔叔或大哥、大姐。一般不直呼其名。

（3）迎送礼仪。迎客要热情、友好，对来访客人一视同仁。迎客时，应走在客人的前面一两步引导客人，如需上下楼梯，都应靠右侧走。客人入座后送上茶水。不能当着客人的面做家务，更忌埋怨和消极服务；客人告辞时，应随同雇主一起相送。若客人乘坐电梯，应送到电梯口，待电梯门关闭后再离开，对于年老体弱者应送至大门口。

（4）电梯礼仪。如果乘电梯，应让客人先上、下，并用手按住开关按钮，给客人充足的进出时间。在电梯内不要大声谈论有争议的问题或有关个人的话题。

（5）电话礼仪。当雇主或其他人在通话时，要根据实际情况选择回避，或埋头做自己的事，千万不要侧耳“旁听”，更不要插嘴；在雇主家除非雇主有明确指示，否则不要主动接听电话。如需要接听电话，在铃声响起即停止手头工作，尽快接听，需要代为转告、留言时，要认真记录；要避免在他人休息和用餐时间拨打电话，应尽量把通话时间控制在3分钟之内。通话结束，应轻轻放下话筒，不能随便一扔或重重一摔，让对方有不被尊重的感觉。

11 择业时应该注意哪些事项

家政从业人员在择业时应注意以下事项：

（1）要通过正规渠道择业。要到合法的劳动中介机构和正规家政服务公司求职，求职时需要填写求职登记表，签订劳动合同或家政服务合同。完备的务工手续，是对从业人员合法权益的保障。家政从业人员一旦在服务的过程中与雇主发生矛盾与纠纷，可以通过劳动中介机构、家政服务公司为雇用双方调解矛盾纠纷，维护家政从业人员的利益。也可以凭借劳动合同或家政服务合同，向劳动社会保障部门要求劳动仲裁，或向人民法院起诉。

（2）要依据个人能力择业。家政服务人员择业时，一定要做到实事求是。在与雇主详细洽谈之后，可依据自己的能力、特长以及喜好来判断是否可以胜任此项工作。家政从业人员相互之间不要相互攀比。因为，家政从业人员自身的情况不同，而雇主的情况同样存在差异，相互之间没有可比性，不要“这山望着那山高”。

（3）要合理把握工资价位。可事先进行市场调查，了解当地家政服务市场上一般工资价位情况，了解市场上家政从业人员的供需情况，然后依据自身情况和市场行情，来确定适当的工资价位。只有在工资上做出切合实际的定位，才有利于家政从业人员在选择工作时作出最佳抉择。

12 应该怎样选择雇主

雇主与家政从业人员之间，有着身份、家庭、文化背景、受教育程度的不同，在脾气、性格、秉性上都存在巨大差异。因此，在选择雇主时要特别注意这些细节：

（1）依据服务项目来选择雇主。首先看雇主要求的服务工作你能否承担、是否擅长、是否喜欢。选择雇主首先是对服务工作内容的选择，一定要扬长避短。

（2）依据工资数额来选择雇主。要看雇主提出的工资待遇与自己的预期值是否相符合。家政服务人员外出务工，按劳获取合理的工资报酬这是正常的心理期望，但一定要为自己作好合理地工资定位。

（3）依据服务条件来选择雇主。要综合考虑雇主家庭人口数量、家庭成员的构成、家庭居住条件、居室建筑面积、家庭生活要求等相关情况，以准确判断将要承担的工作量、将要面对的服务对象以及人际关系。

（4）注重雇主的脾气秉性。面谈时要注意观察雇主的言谈举止，留心每一个细节，在与雇主洽谈的过程中或多或少可以看出雇主的一些脾气秉性。要尽量选择适合与自己相处的雇主。

（5）不以雇主经济条件好坏为择业标准。对那些一味询问雇主家有没有车、电话、彩电、电冰箱、洗衣机、住楼房还是平房的行为，雇主是非常反感的。

（6）对雇主居住地点可不作要求。在不了解所在城市的情况下，一般不要问雇主住在哪儿、离公司远不远。因为即使雇主说出其家的位置，家政从业人员也不一定知道具体地点。由于家政从业人员的工作场所是在雇主家中，所以雇主居住地距离公司远近和工作内容没有直接的关系。

13 合格雇主的标准是什么

合格的雇主大多具有这样一些特点：

（1）在思想上能够做到平等待人，尊重家政服务人员的人格与劳动，不歧视，不虐待家政从业人员。

（2）在工作上能够按照服务合同规定的内容要求家政从业人员的工作，不过分挑剔、苛求，不随意增加服务人员的额外劳动，并能够对家政从业人员的工作进行指导。

（3）在生活上能够提供与家人基本相当的生活和安全的居住条件。关心爱护家政服务人员，但不干涉限制她们的私人生活。

（4）在待遇上能够做到按劳付酬，不无故拖欠、克扣家政服务人员的工资。

14 应该怎样与雇主洽谈

家政从业人员在与雇主洽谈时需要注意以下方面：

（1）要给雇主留下良好第一印象。与雇主见面洽谈时，是否能够给雇主留下良好的第一印象直接关系到能否得到这份工作。因此，第一印象非常重要。第一印象包括精神状态和外观形象。家政从业人员应精神饱满、干净利落，服装、服饰合体大方，给雇主留下自信、整洁、朴素、大方的好印象。

（2）要注意自己的举止。当雇主到来时，家政从业人员应主动站立以示迎接，要主动问候。如有座位可以请雇主坐下交谈，不能出现家政从业人员坐着，而雇主站立与之交谈的不礼貌做法。家政从业人员坐、立都应端正。说话时目光要平视对方，不要东张西望、两手到处乱摸、吃东西等。要少说多听。对话时语调、语气要有亲和力，声音不宜太高，以能听清楚为宜，说话时不要手舞足蹈，要注意给人以稳重的感觉。

（3）要有问有答，注意倾听雇主询问。洽谈是雇佣双方互相了解的过程。洽谈时，可以等雇主询问，也可以主动自我介绍。自我介绍要简单清晰，重点说清年龄、文化程度、从事家政工作的经历、家庭情况、工作意向和工资要求等。要认真倾听雇主的询问并及时回答雇主的提问。要善于捕捉信息，要从与雇主互动交谈中了解雇主的服务需求、服务难易程度、雇主的支付能力等，准确判断雇主的真实意图。

（4）询问雇主情况要抓关键。要重点询问雇主的家庭人口、居住面积、服务内容、服务标准、工作环境、自己的居住条件、工资待遇等。可把自己关心的问题逐一地提出来。问话时不要让周围人七嘴八舌地提问，要明确地表达自己的意见，不要别人说行就行，要自己想好了再表态。对个别不文明的雇主，可采取不予理睬的态度。

（5）要果断决策勇于尝试。当与雇主洽谈完毕后，如果雇主各方面的情况与自己的预想比较吻合，就应当果断作出决定。不要过多犹豫，不要期盼下一位雇主能够带来更好的工作条件，过多犹豫往往会错失良机。

15 确定工资价位时通常要注意哪些问题

家政从业人员在确定工资价位时通常需要注意以下问题：

（1）依据服务内容来确定工资价位。服务内容多，服务难度大，服务责任大的，工资价位可高些，反之则低些。

（2）根据劳动强度、工时长短来确定工资价位。劳动强度、工时长短也是衡量工资高低的依据之一，雇主家庭人数多，住房面积大，服务时间长，特别是长期陪护病人等服务时间相对较长的，工资价位可高些，反之则低些。

（3）依据个人能力来确定工资价位。家政服务人员学历高、能力强、经过专业培训，具有纯熟的家政服务技能、丰富的家政服务经验、良好的服务心态、较强沟通能力等，可适当提高工资价位。

（4）依据需求与特长来确定工资价位。如果家政服务人员曾经接受过专业职业培训，取得过国家有关部门颁发的职业资格等级证书，例如，家庭母婴岗位专项能力合格证书，养老岗位专项能力合格证书等都可以获得较高的工资。

16 初到雇主家应该首先了解哪些情况

家政从业人员初到雇主家，要给雇主留下好印象，同时应仔细了解以下情况：

（1）雇主家庭周围相关商店与服务设施的地点和服务时间。

（2）家庭成员的关系及有紧急事情时与雇主联系的电话和地址。

（3）所用必要物品的位置。

（4）雇主对家政从业人员的具体要求和注意事项。

（5）照看的孩子或老人的习惯、脾气和生活方式等。

（6）家庭成员的习惯，饭菜口味和生活特点。

（7）家庭成员的性格、爱好和工作时间。

初到雇主家，如身上带有较多现金或贵重物品，应主动告知雇主，以免日后发生误会。

17 应该怎样适应城市人的生活特点

家政从业人员多数来自农村、乡镇，对有些城市的生活了解不多。家政从业人员要与雇主建立起和睦的关系，必须掌握雇主所在城市的特点，主动适应其生活特点的要求。

（1）讲卫生，爱清洁。家政从业人员必须从个人的卫生做起，并尊重雇主的卫生习惯。家政从业人员千万不能自以为是，特别是在购物、烹调、居室保洁、洗涤衣物等方面要按照雇主的要求清洁卫生，工作到位。

（2）饮食重营养。城市人的饮食比较注重营养成分、精细、粗粮搭配等。每餐食物量不宜多但求荤素、干稀搭配要适当，一般早餐少而精，中餐正常为主，晚餐宜消化。

（3）起居时间比较有规律。除节假日外，每天起床、上班（上学）、用餐、休息等时间比较固定，有一定规律。家政从业人员在工作安排上要与雇主的生活规律相一致。

（4）经济开支注重节约。生活中的水、电、燃气、电话、食品等费用开支比较注重节省，不大手大脚、铺张浪费。家政从业人员在料理家庭生活事务中应注意精打细算。

（5）生活私密性强。属于家庭内部或个人隐私的事情，雇主一般不愿意让外人知道，一般也不轻易向他人表露个人深层的感情。家政从业人员在遇到此类情况时应主动回避。雇主放在桌上的笔记本、信件等东西不要翻看。

（6）言谈举止稳重含蓄。语言表达暗示性强。如家政从业人员某件事情做得不当，或对自己的语言不满意，一般雇主会用举例或暗示的方法让家政从业人员从中悟出道理，认识到不对。

（7）注重面子和外人评价。家政从业人员在外人面前要注重自己的形象、气质和表现，不要让雇主在外人面前显得丢面子，特别是当自己与雇主发生矛盾或有什么误会受到委屈时，要注意克制自己的情绪，应以平和的方式解决矛盾，不要大吵大闹，以免对以后的工作造成不良影响。

18 应该注意哪些禁忌

家政从业人员应注意以下禁忌：

（1）忌自以为是。

（2）忌怕吃苦、懒惰。

（3）忌无尊严。

（4）忌斤斤计较或贪图小便宜。

（5）忌仪容、仪表不整。

（6）忌和经营者、雇主耍小聪明。

（7）忌工作无计划，忙乱无序。

（8）忌在受到雇主伤害或与雇主发生矛盾时，不通过家政公司或法律途径解决，而采取报复手段。

19 应该怎样控制自己的情绪

家政从业人员在服务期间要学会控制自己的情绪，不要将自己的喜怒哀乐挂在脸上，这是家政从业人员特殊的服务环境所要求的。家政服务人员不良情绪的流露不仅有可能造成雇主误会，也可能会给日常工作带来不良后果。因此，家政从业人员必须学会控制和调节自己的情绪。这不仅可以更好地工作，而且可以更好地保护自己。

（1）要心胸开朗、大度，不要斤斤计较。

（2）遇事尽量三思而后行，避免产生不良情绪。

（3）当情绪受到强烈刺激时，要有意识地用理智加以自我调节，努力克制它。

（4）必须努力学习文化知识，培养自己的道德修养，不断提高自身素质。

20 应该怎样对待工作中的挫折和困难

家政从业人员在工作中遇到困难和挫折应积极应对：

（1）善于倾诉。在现实生活中，面对遭受的挫折，不能一味地责怪自己，沉浸于痛苦之中，要多对家人和自己信赖的朋友倾诉，以得到他们的帮助。同时，放松一下绷紧的神经，多参加自己喜欢的活动，分散注意力。

（2）主动面对。要以积极主动的心理去承认它，面对它，并在朋友和家人帮助下分析挫折，找出导致挫折的关键所在，使自己恢复理智、冷静的状态。这样家政从业人员才不仅能正确面对它，而且也能顺利地摆脱困难。

21 与他人发生矛盾时应该怎样处理

家政从业人员在与他人产生矛盾时，正确的处理方法是：

（1）稳定情绪。与他人产生矛盾时，先要稳定自己的情绪，切忌急躁，要冷静耐心地听对方把话讲完，搞清楚产生误解的原因。

（2）寻找合适时机解释。若当时能够解释，可以慢慢地解释清楚，若对方正在气头上，最好先忍耐一下，不必就对方的指责作匆忙的解释，这样易使对方觉得你在强词夺理，引起对方的反感；更不要与对方激烈争吵，使对方火气更大，以致闹得双方无法收场。

（3）合理化解危险。应待对方冷静后，慢慢地将事情的经过和当时的想法告诉她，并指出双方产生误会的所在，或者找到家中的第三者，从中做些工作。

22 应该怎样认识紧张心理

当绝大多数家政从业人员初次迈进雇主家门时，都不可避免的会产生心理紧张情况，这是十分正常的。适度的紧张能提高工作效率，而且还能帮助我们适应瞬息万变的社会环境。但是，如果过度紧张，则可能会在工作中手忙脚乱，忙中出错，甚至不能适应服务环境，从而影响到正常服务工作的开展。消除紧张心理，应做到以下两点：

（1）要对家政从业人员的职业有正确的认知。进入家庭是家政服务的职业特点，与雇主之间的合作，其实是雇用双方各取所需，服务人员需要一份工作，需要一份工资。而雇主则需要有人来承担家庭中不可缺少的服务工作，是各自的需求使双方走到一起。

（2）充分沟通。面对陌生人和陌生环境，每个人都需要一个适应期，只要雇用双方能够进行良好沟通，经过一段时间的磨合，就会消除紧张心理。

23 感觉不适合在雇主家继续工作时怎么办

工作中如遇到困难且难以与雇主沟通，需及时与公司主管负责人取得联系，尽可能说清楚自己的真实想法，听从公司的指导或安排，遵守公司的离岗纪律，千万不能未经允许擅自离岗。否则，出现违反公司离岗纪律所造成的后果，家政从业人员需要承担相应责任。

24 异常情况的自我保护以及正确处理

以下异常情况需要家政从业人员采取妥善方式及时处理。

（1）若患有传染性疾病或慢性疾病要如实告知雇主和公司。

（2）工作中出现差错要及时汇报，因无知，无意而实施了违法行为，也应及时告诉雇主。

（3）如有陌生人纠缠及相关的外界纠纷要及时向雇主和家政公司反映，以求得及时帮助。

（4）要求辞工时，正常情况下不能搞突然袭击，一定要提前一周以上时间通知雇主和家政公司。

（5）无论任何人，若有诽谤、殴打、拘禁、跟踪、私拆个人信件等侵犯自己合法权益的行为，应立即通知家政公司或寻求公安机关帮助。

25 离岗交接时的注意事项

家政从业人员离岗时一定要与雇主做清楚明了的交接，以免引起不必要的麻烦。离岗交接时需要注意以下三点：

（1）不管是否与雇主之间有过纠纷或成见，离职交接时都要礼貌待人，客气周到，不用再提过往的是非。

（2）向雇主或新来的家政员详细介绍所做工作的要点和注意事项，比如何时该给老人加餐、搀扶老人要注意些什么等。最好留下自己的联系方式，以便出现问题能及时取得联系。

（3）要当着雇主家里人的面，收拾并带走属于自己的个人物品，这样可以避免误会。

第 二 章

人际交往篇

良好的人际交往能力是在社会立足的生存需要。家政从业人员服务的过程首先是与雇主相处的过程，因此家政服务人员入户后，必须要和雇主以及周围的人建立起良好的人际关系，为自己营造良好的工作氛围，只有雇用双方建立起和谐的人际关系，家政从业人员在服务的过程中才能心情愉快，工作顺利。否则，双方的合作将很难继续。

26 与人交往的基本准则有哪些

家政从业人员在与人交往时要注意以下基本准则：

（1）积极主动，讲究信用。家政从业人员参加工作后应积极关心集体事务，维护集体荣誉，领导及雇主布置的工作任务，要积极主动地去完成，对周围同志的困难要多些关心，主动热情地给予帮助。凡是承诺别人的事要尽量争取办好，不能言而无信。

（2）热情待人，坦诚相见。这是与人交往时最重要的基本准则。为人处世切忌口是心非、傲慢无礼、虚情假意。家政从业人员要养成乐观爽朗、热情、善良、坦诚的良好性格。

（3）尊重他人、礼貌待人。要虚心倾听别人的意见，尤其是对长辈和领导的意见要特别尊重，不要自以为是。在社交场合，要多使用亲切和富有人情味的礼貌语言，如“请”、“您好”、“谢谢”、“对不起”、“劳驾”等。说话时要面带微笑，语调要亲切友好。

（4）虚心学习、努力提高工作技能和自身修养。要虚心学习他人的长处，努力学习文化知识，不断提高自身修养。在与人交往过程中对自己不懂的问题或不会做的事，应做到不懂多问，不会就学，掌握后再做。应经常主动与雇主的家庭成员聊聊自己家乡的事，如风俗人情、生产生活、奇闻趣事、礼仪习俗等；这样可以加强相互了解，展示自身价值，消除偏见。

（5）严于律己，宽以待人。家政从业人员要具有良好的道德品质，强烈的服务意识，高度的责任感，熟练的服务技能，良好的生活习惯，灵活的处世方法，较强的适应性和忍耐性。为人要热情、真诚、开朗、自信。切忌冷淡、孤僻、虚伪、自傲、自卑。对别人的缺点应拥有宽容之心，不要背后议论他人；要严格要求自己，努力提高服务技能。

（6）加强交往、密切关系。人与人之间要加强交往，才能密切关系，增进友谊；老死不相往来，见面形同路人，是无法搞好人际关系的。当有朋友生病了，应主动去看望，平时碰到什么问题，互相多谈谈心；遇到共同感兴趣的问题，大家一起讨论；逢年过节互相问候等，以增进相互联系，密切感情。

27 为什么要与雇主建立良好的人际关系

家政从业人员服务的过程就是人与人相处的过程。如果不能与雇主和睦相处，工作就无法进行。

（1）家政从业人员工作的好坏，是由雇主来评价的，他们不单纯地看工作表现，还会从自身的性格、修养、爱好角度来综合评价。如果和雇主建立了良好的关系，他们会在爱护的基础上评价家政从业人员的劳动，会更多地看到其成绩与长处。

（2）家政从业人员与雇主朝夕生活在一起，在客观上就成为该家庭某一时段共同生活的成员。这一特定身份决定了家政从业人员不仅要忠于职守进行工作，而且在许多场合应去掉“外来人”的心理负担，尊重雇主的生活习惯，理解他们的脾气秉性，关心他们的利益、情感。否则如果身处雇主家，对周围的一切都十分冷淡，漠不关心，我行我素，显然雇主也会把其当做陌生人，甚至产生戒备心理和冷漠感。这样反过来又容易导致家政从业人员产生孤独感，无心工作。

所以，与雇主建立融洽和睦的关系，直接关系到家政从业人员所工作生活的环境，不能对此掉以轻心。只有同雇主建立融洽的关系，才能顺利工作，愉快生活。

28 与雇主建立良好关系的前提是什么

家政从业人员与雇立建立良好的关系应注意以下前提：

（1）尊重雇主。要尊重雇主家庭中的每一位成员。无论对雇主有无好感，但必须学会尊重。这种尊重不仅包括礼貌、礼节的内容，也包括尊重他们的爱好、性格。在生活习俗上尊重雇主的传统习惯。在与外界交往中尊重雇主家庭的隐私，为雇主家庭保密。

（2）服从管理。工作上必须服从雇主的安排与调度，努力做好本职工作，不怕苦，不怕累。对分内分外的工作不要斤斤计较。工作要积极主动，在服务过程中要时时处处为雇主着想，做雇主家庭的贴心人。

（3）相互理解。双方要多交流，多沟通。了解雇主家人的脾气秉性、生活习惯。可以因人而异，采取不同的方式与他们建立良好的人际关系。要理解体谅对方的难处与苦处，多想对方的好处。多想自己的不足，出现失误多从自己身上找原因。宽以待人，严于律己。

（4）要有宽阔的心怀。胸襟要宽，气量要大。凡事要从大处着眼，不要斤斤计较。处事要有理、有情、有节。“有理”是指说话办事要讲道理。“有情”，是指身居雇主家中，要像亲人一样关心体谅、帮助他们。“有节”是指个人修养和自制能力，进退有节。有时要包容对方的某些不足，不要“得理不让人”。

（5）虚心好学、不耻下问。做事不要自以为是、不懂装懂、自作聪明。工作中不懂不会的事情，要主动的向雇主学习请教，虚心听取他们的意见。自以为是的家政从业人员往往不受雇主欢迎。

29 怎样与雇主搞好人际关系

家政从业人员要与雇主搞好人际关系需注意做到以下几点：

（1）知己知彼。家政从业人员要想与雇主搞好人际关系，出色的完成家政服务工作，在明确自己的优缺点的同时，还要了解雇主基本情况、家庭成员的关系，每个人的脾气、爱好以及生活习惯。例如，雇主的职业性质、工作特点，日常饮食、起居习惯；雇主对家庭卫生、家居物品整洁方面有什么具体要求，家庭成员有什么爱好、常参加哪类活动；还要了解雇主家庭成员在饮食、起居方面有无特殊要求，等等。家政从业人员在日常工作中如果能够很好地掌握雇主的上述情况，也就取得了工作的主动性。

（2）做好本职工作是建立良好人际关系的前提，光说不做的家政从业人员根本不可能与雇主家庭建立起良好的和谐关系，因此，家政从业人员应掌握家政服务的基本技能，要能够达到雇主的服务要求。做家务事一定要最大限度开动脑筋，发挥智慧，使自己的家政技艺不断进步。

（3）尊重雇主，要尊重雇主家庭中的每一位成员，家政从业人员对待雇主的每一位家庭成员都应一视同仁，不要厚此薄彼。特别是在雇主家庭成员较多的服务环境中，家政从业人员不要根据雇主家庭主要成员的家庭地位，而区别对待。

（4）不参与雇主家庭事务。雇主家庭成员之间如果产生一些矛盾，首先，家政从业人员不要介入雇主家庭成员的是非之中，不要充当调节人，应当置身事外，最好的办法是回避。事后，如果雇主家庭成员向家政从业人员提及此事，家政从业人员也不应当对任何一方表示同情和理解，可说一些有利雇主双方、有利于家庭和睦的话。

（5）顺应雇主的生活习俗。家政从业人员刚到雇主家中，如自己的生活习惯和习俗与雇主有不一致的地方，应主动与雇主沟通，说明情况，并逐步克服个人习惯，努力顺应雇主的生活习惯，使自己的生活与雇主协调起来，这也是尊重雇主，与雇主建立良好关系的具体表现。

（6）勤俭节约。一般情况下，雇主的家庭开支计划性较强，所以家政从业人员应注意节约，尤其要注意节约用水、电和燃气；避免雇主对自己产生爱浪费、不勤俭的工作印象。

30 与雇主相处时应把握的原则

家政从业人员在与雇主相处时，应摆正自己的位置，把握以下适度原则：

（1）热情服务，保持距离。家政从业人员随着与雇主接触时间的增长，相互间感情必然增近。对自己的感情要适当控制，应始终与雇主保持一定的距离，不要故意疏远，也不要过分亲密。可以与雇主交换服务中的问题，可以谈论自己的希望与理想等，然而不可把工作与情感混作一谈。不可随便称呼雇主的名字，不能按照社会交往的方式与雇主相处。与异性雇主的交往，更要把握分寸。一旦逾越道德的尺度，就会引火烧身，甚至会造成严重恶果。

（2）忍耐宽容，但不懦弱。家政从业人员要有一定的忍耐精神，要宽容大度。不要因为一些小事斤斤计较，不要因为一时误解而暴跳如雷，受一点委屈就大哭大闹。家政行业的职业特点要求家政从业人员应有宽广的胸怀。但这种忍耐绝非是毫无原则，也并非逆来顺受的懦弱。如果遇有虐待、性骚扰、恶意的伤害等损害自己的合法权益的情况，则要勇敢地依法维权。

（3）优质服务，但不卑躬。按照合同约定提供优质的服务，在服务的过程中不断调整服务心态，端正服务态度，提高服务水平。仪表端庄，举止大方，彬彬有礼的服务，是家政从业人员职业素质的表现。但不要低三下四，卑躬屈膝。家政从业人员在服务中要保持应有的尊严，不得做有损自己人格的事。

（4）尽量避免过多的身体接触。家政从业人员在与雇主交往和为雇主服务的过程中，除初次见面的握手外，不应再有任何形式的身体接触。其他形式的接触属无意识则会失礼，如果是有意识的则是违反道德的或是违纪的行为。

（5）在服务工作过程中，要注意保持自身的空间距离，同时也要注意尊重他人对空间距离的需要。人际交往时，彼此距离太远无法进行交流，太近又会造成双方心理压力。一般来说，家政从业人员与雇主交往时距离保持在两步开外为宜。

31 怎样与爱挑剔的雇主相处

首先，要把工作做到无可挑剔的程度。如果她对其家人也一样挑剔，家政从业人员就不要为此而猜疑。对于对方爱挑剔的事，家政从业人员可以在做事前先向其请求指导，做完后向其汇报，并倾听其意见。这样坚持几次以后，对方就不好意思再挑剔了。

如果对方过分的挑剔，家政从业人员不要急于发作，可以说些“很抱歉，对不起”的客气话，待其心情平静了，再心平气和地作解释。

32 怎样与脾气大的雇主相处

脾气大是一种性格缺陷，是自制力差的表现。对动辄发脾气的人，家政从业人员特别要有忍耐性，在与之相处时，应做到有理、有利、有节。

（1）有则改之。若是因为家政从业人员有错误而引起对方发脾气，应该马上承认错误，表示歉意，并保证改正，不要计较对方的态度。这样做，往往能使对方的怒气消失。

（2）小不忍则乱大谋。对方发脾气没道理，不妨采取“惹不起躲得起”的办法，暂作回避，不予争辩。若针锋相对地顶撞，不仅解决不了问题，反而有可能使双方关系破裂。

（3）柔能克刚。有理不在声高，家政从业人员可用轻声慢语表达自己的观点，或等对方气消后再做解释。如对方意识到自己态度过火了，家政从业人员可及时表示谅解，并找个台阶给对方下，使对方不失面子。

33 怎样与爱唠叨的雇主相处

说起话来没完没了，生怕别人不懂，这就是唠叨。对于爱唠叨的人，家政从业人员应具有高度的忍耐力。可以按照下述办法与之相处：

（1）留意观察他对其他人是否也爱唠叨，如果是，那就不是针对自己，故意和自己过不去。在这种情况下可以泰然处之，听之任之，随他而去。

（2）在其唠叨时，不要生硬的打断他的话题，也不要流露出不耐烦的表情，更不要转身就走。高明的方法是巧妙地转移话题，或适时找借口（如买东西，去卫生间等）中断谈话。

（3）如对方总在某一件事上唠叨，你应把此事做到令人满意、放心，让其失去唠叨的理由。或者事先详细告知他自己是如何办理此事的，让其一目了然，无须再唠叨。

（4）如果与雇主相处不错，家政从业人员有时也可用玩笑的方式打断其话头，以使其中止唠叨。

34 怎样与猜疑心比较重的雇主相处

所谓猜疑，是指无中生有地对人、对事怀疑。与爱猜疑的雇主相处时家政从业人员应做到：

（1）光明磊落，让雇主清楚自己的所作所为。

（2）雇主不在场，也要一丝不苟地完成他指派的工作。

（3）雇主易疑心的事，自己更要做周到。为了防患于未然，有些事做起来最好有雇主本人或第三人在场。

（4）注意使自己所经手的经济收支清楚无误，最好的办法是每笔经济收支都做记账。

（5）如果可能，一些易遭猜疑的事，可委婉回避去做。

35 怎样与雇主家的老者相处

老者是家庭中的长辈，他们为家庭辛劳了一辈子，理应受到尊重和照顾。许多家政从业人员觉得与老年人相处较为困难。其实只要掌握了老人的生理、心理变化特点、脾气禀性、生活的习惯，与老年人的相处并不困难。在与老者相处时应注意以下几点：

（1）尊重老人。许多老年人十分注意家政从业人员对他的态度。体弱有病、行动不便、耳聋眼花、爱唠叨是老人共同的特点。不要因此嫌弃他们，要将老人作为自己的父母来服侍，自然就会赢得他们的好感。如对老人有意见，切忌当场顶撞、言辞激烈。

（2）学会哄老人高兴，让老人笑口常开。有人说："老小孩，需要多哄着点"就是这个道理。在老人需要安静的时候，你不要去打扰；当他们喜欢热闹的时候，你可以和他们一起娱乐，听他们唠唠家常，讲过去的事情都会使他们高兴。

（3）照顾老人的生活。不要试图去改变他们原有的生活习惯。更不能因自己的私事打乱老人的生活规律。老人保持固有的生活规律，对他们的健康极为重要。

（4）准备好老人的膳食。一般情况老人的牙口不好，吃饭较少、口味清淡、因此，做饭时要荤少素多，饭菜要比较软、易于消化、讲究营养。做老人的饭菜必须照顾到这些特点。

（5）嘘寒问暖。经常询问他们的身体健康状况。他们会感到你对他们的体贴关心。

36 怎样与雇主家庭中的异性相处

家政从业人员在与雇主家庭中的异性相处时应注意以下几点：

（1）言语行为上要落落大方。不刻意疏远有意回避，但在行动和内心都要保持一定距离。特别是相处时间长了彼此熟悉了，相互也不可以嬉笑打闹，不可改变对对方的称呼。

（2）不必在意对方对自己的关心照顾。不要对异性做超出常情的回报，可将回报转至雇主家庭的其他成员。

（3）不要同对方议论其配偶、恋人。即使对方主动谈及，必须打岔回避，不接下言。

（4）避免单独相处。在任何情况下，也不要在对方面前衣冠不整。避免与对方经常独处一室，如必须如此，则不要关门，更不要锁门。

（5）注意周围人的影响。家庭其他成员，特别是对方配偶、恋人的眼神，往往是观察你与其关系是否得体的指示灯。

37 怎样与雇主家的成年女性相处

家政从业人员在与雇主家中的成年女性相处时应注意：

（1）不要在生活上过多地照顾她的配偶或恋人。

（2）雇主夫妻之间发生争吵时，应主动回避。即使男方有理也不能露出支持的态度。

（3）当女雇主与其丈夫分派的工作有冲突时，可请她协调或照她的要求去做。

（4）日常生活多按照她的吩咐准备饭菜。洗涤、保管她的衣物用品要格外用心。

（5）对她的服饰、打扮、发型、容貌、持家本领可以适当给予赞美，不要轻易说“不好”。

（6）如果她是“刀子嘴、豆腐心”的人，就不要计较她的态度和一时的言差语错。

（7）对她的兴趣、爱好不妨表示支持、欣赏。不可漠不关心。她和自己谈心里话，也应用心里话回报。

38 怎样与雇主家的未婚青年相处

当雇主家中有未婚青年时，家政从业人员在与其相处时应注意：

（1）对方是年龄相仿的异性时。可落落大方地与对方相处，但谈论爱情时要慎言。交谈不要过长、过多，不要因为交谈影响工作；如对方对自己流露出倾慕之情，最好故作不知，保持警惕。当对方表现出过分亲热的举动时，应明确拒绝。如对方真心向自己求爱，应把此事告知他的父母；他私下送自己贵重礼品，也应当拒绝。如无工作需要，不要和对方一块外出。

（2）对方是年龄相仿的同性时。努力成为她的闺中密友，不要与她陌如路人。她对自己付以信任，自己也可对她无话不谈；她为小事对自己要“小姐”脾气，不妨合理忍让；如她对自己冷嘲热讽，自己不必以牙还牙，但可以据理力争。

39 怎样与雇主家的儿童相处

当雇主家中有儿童时，家政从业人员在与其相处时应注意：

（1）充满爱心，善待孩子。孩子是最纯真的，一般情况下只要自己待他们好，他们也就会喜欢并维护自己。

（2）若雇主家儿童对自己有过分言行，可置之不理，也可婉言批评，还可向其父母请教办法。但不要为此采取恐吓、训斥、打骂的方法。

（3）鼓励他们自己改正错误。当你知道他们做了错事，不要替他们保密，应鼓励他们勇敢向家长承认错误，并向家长介绍你所了解的情况。

（4）不要和孩子过分计较。他们背地向父母反映家政从业人员的言行时，无论有否偏差，都不要对此记恨，更不要报复。否则反而会把事情搞糟。

（5）和他们建立友谊。当他们过生日时，可送件小礼物表示祝贺，但不要送贵重礼品。

40 怎样与常年卧床的病人相处

俗话说“久病床前无孝子”，此话说明了服侍常年卧床病人的不易。病人因长期受病痛折磨，脾气变得比较暴躁，有时还会打骂人。其实，这都是病魔在作怪。

家政从业人员对病人的一些言行不要太计较。不能将病人的言行与健康人相提并论。对病人应当倾注更多的爱心，更加体贴细致的照顾他们。要经常与他们聊聊天，多说些宽慰的话，说些高兴的事，分散他们的注意力以减少他们的疼痛。

可以经常帮助他们翻翻身，做些身体按摩、擦洗，使他们身体上舒服一些。当然这样做家政从业人员会很累很辛苦，甚至会受委屈。但是，能够让病人生活的幸福些，是家政从业人员的本分，也是家政行业职业道德的要求。

41 怎样与雇主的客人相处

家政从业人员与雇主的客人相处时要注意以下事项：

（1）对待客人要注意礼节礼貌。对客人要一视同仁，初次见到的客人，要告知对方自己的身份。

（2）客人问起雇主的公务、交往及家庭私事时，家政从业人员应慎言，或告之“不清楚”。

（3）一般情况下，主客进行交谈家政从业人员应主动回避。

（4）客人送家政从业人员礼物，要先征求雇主的意见，是否可以接受。

（5）对在雇主家长期居住的客人，应遵照雇主的指示安排对方的日常生活，不要擅做主张。

（6）雇主不在家时，如果客人是雇主交代好的亲戚、朋友，可向客人说明雇主不在，应为其敬茶、递烟或拿出一些书报杂志给客人浏览，不将客人撇在一边，只顾自己做家务或看电视；如果是陌生人应让其留下电话或名片，并问清有什么事，可代为向雇主转达。

42 怎样处理与雇主邻里的关系

家政从业人员与雇主的邻里相处时应注意以下事项：

（1）对待雇主家周围的邻居，不论他们与雇主家的关系如何，家政从业人员均应对他们彬彬有礼，尊重他们。一般情况下，雇主怎样要求，家政从业人员就怎样去做。

（2）因私事找邻居帮忙，应先跟雇主打招呼。征求雇主的意见后，再行办理。

（3）即使邻里关系很好，也不要向他们讲雇主家中私事，更不要信口开河谈自己在雇主家的情况。

（4）雇主与邻居产生矛盾，发生纠纷，只要与自己无关，最好置身事外，不要卷入，以免有后患。

（5）当雇主不在家时，邻居来借东西，家政从业人员不要擅自做主，应委婉拒绝。

（6）邻居对自己的雇主说三道四，家政从业人员千万不可介入议论。一般不要传这些闲话。如确有必要，家政从业人员可以将听到的议论委婉转告，提醒雇主注意。但切忌不可因自己的言行，而引发雇主与邻居的争吵。

43 怎样与同乡、同行相处

家政从业人员在与同乡、同行相处时应注意以下两点：

（1）多交流工作经验，不盲目攀比。不要用自己所服务家庭的不足去比别人所服务家庭的长处，这样越比心里会越不平衡。要明白，各服务家庭都有各自的情况，是不可比的。正确的方法是多交流一些工作经验，互相鼓励如何干好工作。

（2）说话注意分寸，隐私不随意透露。家政从业人员在异地他乡遇到同乡、同学、朋友、亲戚，格外亲切乃人之常情。但社会是复杂的，特别是多年不见，各自的情况均不甚了解。因此说话要注意分寸，留有余地，雇主家的隐私等不该谈的不要信口开河。以免因泄漏雇主隐私造成不必要的麻烦。

44 怎样对待雇主的家庭矛盾

任何家庭都存在或大或小的内部矛盾，身居其中，家政从业人员应持的立场和态度是：

（1）不介入。不要因自己的言行引发、挑起、扩大、激化原有的矛盾。

（2）发生争吵时，家政从业人员可适当劝解说和。这一努力不奏效时，也不要勉强为之。

（3）不论矛盾双方在家中是何地位，矛盾是何性质，家政从业人员都不要掺杂个人感情色彩，对待双方都应一视同仁，不要厚此薄彼。

（4）因误会或生活琐事引起的矛盾，家政从业人员可在双方之间做沟通工作，以缓和他们的关系。

（5）雇主双方在争吵时，家政从业人员不要为双方过激的言行作证。这样只能激化矛盾并殃及自身。

（6）如果男方要使用暴力时，家政从业人员应努力劝阻，保护女方。

（7）在发生争吵等家庭矛盾时，应照顾好家中的儿童、老人、病人。

45 哪些情况下可以请求雇主的帮助

家政从业人员在服务期间若遇以下问题可请雇主给予帮助：

（1）身体有病无力劳动时，可请雇主予以谅解，休息到病愈再工作。如果用户家备有自己所需常用药，也可请他们提供。如所患疾病所需费用不大，但手中又暂无钱时，可商请雇主先为垫付。

（2）购买个人生活必需品，钱数不足时，可请求预支月工资，届时再从中

扣除。

（3）家政从业人员要参加业余学习活动，可征求雇主的意见。若得到应允，可请雇主适当调整自己的日常劳动时间。

（4）家庭之外的场合遇到麻烦，如受到人身滋扰、伤害等，可求助雇主帮助解决。

（5）个人私事拿不定主意时，可请雇主帮助分析。如果家政从业人员向雇主请求帮助，应如实讲清原委，对方才能决定是否应允。

（6）服务合同期满之前，需提前通知雇主是否续订合同。因意外情况需临时终止合同，可向雇主寻求帮助。

46 怎样判断善意批评与冷嘲热讽

家政从业人员应注意从以下方面区别善意批评与冷嘲热讽：

（1）两者有不同的出发点和目的。善意的批评是出于爱护而进行的批评，它一般就事说理，为的是你改正错误。当你承认了错误，对方多能谅解。冷嘲热讽则不然，更多的是出于发泄个人的不满、怨恨情绪，往往“对人不对事”，抓住一点，波及其他，来求得自身的心理满足。

（2）使用的语言、语气不同。善意的批评使用的语言一般都很文明，虽然偶尔也夹杂着刺激的言辞和过火的语气，但多在情绪冲动时出现。冷嘲热讽不仅挖苦、刻薄、侮辱人格，而且常常以“指桑骂槐”、“反话正说”等方法表达。

（3）现场态度、气氛不同。善意的批评常常是和颜悦色，点到为止。有时即使声色俱厉，一会儿也会云消雾散。冷嘲热讽则表现为忽阴忽阳，阴阳怪气，话中有话，突然发作。发现对方对自己冷嘲热讽，可明言指出这种行为对自己的伤害，建议对方改善态度。

47 遇到复杂的纠纷和安全问题应向谁求助

家政从业人员在遇到复杂的纠纷和安全问题时应及时向下述相关人员或机构寻求帮助：

（1）当家政从业人员和雇主发生误会、隔阂而自己无力解决时，可通过雇主的长辈、兄弟姐妹、好友帮你澄清事实，消除隔阂。

（2）当家政从业人员因服务内容、时间、报酬、休假、辞工等问题发生合同纠纷时，可找街道居民委员会、家政公司进行调解或劳动部门仲裁。

（3）当家政从业人员不能辨别所发生问题应该找谁帮忙解决时，可去当地妇联、街道办事处倾诉，也可去法律援助中心进行咨询。

（4）无论任何人对家政从业人员有殴打、诽谤、跟踪、看管、拘禁行为或有隐匿、毁弃、拆开其个人邮件的行为，家政从业人员都可去公安派出所检举揭发，求得保护。

48 为什么要经常与家人保持联系

常言道"儿行千里母担忧"，"家书抵万金"，这两句话反映出中国人对待亲情的传统观念。家政从业人员，一旦在外地安定下来，应立即与家人取得联系，向家人报平安。

在服务期间也应经常给家人打个电话或写封信，向家人讲述一下自己工作生活的情况，以免家乡亲人挂念。

女性家政从业人员更要特别注意与两地分居的丈夫时常保持联系，交流各自的工作、生活情况，沟通感情，避免猜疑。得到家人理解支持，可以使自己能够安心在雇主家从事家政服务工作。

第 三 章

人身防护篇

安全问题重在防患于未然。家政从业人员是进入雇主家庭，单独从事家政服务工作的一种比较特殊的职业。女性家政从业人员在服务的过程中，由于处在相对封闭的家庭环境中，可能会因雇主的虐待和男性雇主的性骚扰受到人身伤害。此外，由于相对缺乏城市生活经验，家政从业人员在家政工作中或社会生活中也可能出现安全事故或人为伤害。因此，必须保持清醒的头脑，具备强烈的自我保护意识，掌握妥当的应对方法，才能最大限度避免受到人身伤害。

49 在雇主家中怎样防止性骚扰

根据以往发生的案例来看，性骚扰的问题多发生在家政从业人员入户后彼此相处一段时间后，一开始都是试探性的。家政从业人员应从以下方面加强自己的应对能力。

（1）筑起思想防线。家政服务人员首先要做到不贪图钱财，不爱慕虚荣，不轻信，不要心有他图，只有自己在思想上牢固树立起一道防线，别人才无法打开自己安全防护的大门，否则，一失足会造成终身遗憾。

（2）注意行为举止。不要穿得太薄、衣领过低或紧身衣物。一言一行、一举一动都要有板有眼、规规矩矩，决不要有任何轻浮之举，轻佻之态。保持一身凛然正气，对任何不良企图都是非分明，明朗态度会使有企图的人望而生畏。反之，家政服务人员举止轻浮，态度暧昧，模棱两可的态度，会使有企图的人想入非非，增加幻想。绝不要与男性雇主嬉笑打闹，尽量避免与男性雇主单独相处，特别是当女主人不在家中的时候，应更加注意。保持自己做人的尊严是最好的安全保障。

（3）以预防为主。在洽谈时，就要问清雇主家庭情况。对居住条件要有所选择。如不能提供单独的房间，可选择与家庭中的其他女性共同居住。入户后，无论是单独居住，还是共同居住，都要有安全的门锁。入睡前，应将房门锁好，拉上窗帘。一旦雇主对自己有下流的言语或性骚扰行为，千万不要有任何幻想和顾虑，更不要觉得不好意思。应做出强烈的反应，严厉斥责其言行，坚决拒绝他们的无理要求。如果没有明确的态度，对方会以为这是默认，进而造成更加严重的后果。

50 男性雇主的哪些行为可能会对家政从业人员造成危害

当一个人对你有下述行为时，家庭从业人员应注意加以辨识，提高警惕，以保护自己的尊严和人身权利不受侵犯：

（1）经常对自己施以小恩小惠，如送一些化妆品或新潮服装；

（2）偏袒自己的明显过失，放纵自己的不良行为和嗜好；

（3）经常给予自己额外的报酬博得自己的好感；

（4）带自己出入高档消费场合展示他的财富；

（5）用甜言蜜语，奉承自己聪明伶俐、漂亮美貌；

（6）常以为自己安置工作、与自己结婚、办理城市户口等不切实际的承诺、许愿诱惑自己；

（7）对自己过分关心体贴、嘘寒问暖超过对其家人的关心；

（8）经常寻机与自己单独相处，用类似爱抚的动作对自己动手动脚。

对这些行为，家政从业人员应保持高度警惕，不要被假象和眼前的利益蒙住双眼，对过分的热情与馈赠应坚决回绝。

51 怎样应对异性雇主企图强行非礼

服务期间如果遇到异性雇主企图强行非礼，家政从业人员一定要沉着冷静，机智反抗。

（1）首先要有勇气和力量，要在气势上压倒对方。此时胆小害怕帮不了自己，企求更无济于事，这种表现反而会增加他的犯罪的欲望。此类事件其实是正义和邪恶，勇气与智慧的较量。家政从业人员可以冷静地告诉对方他的行为将会毁灭他的家庭和人生，也可以义正词严地怒斥对方触犯法律后果的严重性。

（2）同时要明确表示出自己致死不从的决心和勇气。当然也可以采取其他有效的保护措施。如果对方执迷不悟，在可能的情况下采取有效措施制止对方对你的性侵害，如大声呼救，也可顺手拿起刀、剪自卫。

（3）切记，当对方进行侵害时一定要进行奋力反抗，反抗时最好能在对方脸上、身上留下明显的抓、咬的伤痕，这是反抗的重要证据。

（4）事后要保护好直接的犯罪证据，如精液、血迹、撕碎的衣裤等并立即报案。当然无论采取什么方法，第一原则是保护好自己的生命安全不受对方的危害。最有效的方法是向公安机关报警。如果当时无法在雇主家中拨打电话报警，也可借机到外边打公用电话报警。也可以直接到附近派出所报警，总之报警的时间越早越好。同时要保留好施暴者的物证，如残存在内裤、床单上施暴者的精液或受害者的血迹，被撕破的衣物等都是最重要的物证。

52 独自在家时应该怎样做好安全防范

家政从业人员独自在家时应做好以下安全防范措施：

（1）家政从业人员独自在家时，要先锁好门窗，认真检查门窗的防盗设备是否好用、到位。

（2）如果有人敲门必须先问清情况，在认为安全时，方可让其入内，否则应予以拒绝。若是雇主交代将有某人来访时，当客人来时应主动热情的接待，但若客人未走，自己切忌离去，以免发生意外。

（3）独处一室，要拉好窗帘，尤其是从外面容易看到雇主家里的情况的话，更须注意，以免外人看见家政从业人员单独在家，突发歹心，闯进门来。

（4）入睡前，要细心地检查一下门锁、窗户插销，如果较长时间地独处一室，最好在床边预备一件防身的武器。

53 如何防止电话骚扰

家政从业人员独自一人在家接听电话时应注意以下方面：

（1）家庭卫生、妇女疾病等调查问卷类的电话一律予以婉拒，必要时可直接挂断电话。

（2）遇性骚扰电话，无需电话礼节，可直接挂断，并将电话筒拿开，最好过几分钟后再挂上。

（3）切忌与对方对骂，对方可能会因为引起别人的注意而更加猖狂。

（4）在电话录音机中不可留下自己的姓名。

（5）如果骚扰电话接连不断，要设法记录每次电话的日期、时间和内容，因为这些信息有助于警方追查打电话的人，另外要及时报警。

54 雇主侵犯家政从业人员合法权益的言行表现

家政从业人员应注意识别雇主的侵权行为，及时维护自己的合法权益。

（1）不尊重家政从业人员的人格与劳动，随意打骂侮辱服务员，言语粗鲁，甚至动手动脚。

（2）经常不让家政从业人员吃饱，天天让其吃剩饭剩菜。

（3）随意增加合同以外的工作内容，无故拖欠、压低、克扣家政从业人员的工资。

（4）故意延长劳动时间，使得家政从业人员难以保证基本休息时间。

（5）挑剔家政从业人员的一举一动，甚至挖苦、嘲讽、打击从业人。

（6）随意干涉家政从业人员的私人事务，限制其通信、交往、出入及人身自由。

55 怎样预防雇主侵犯自己的合法权益

（1）应该提高自身素质。家政服务人员要具备相关的法律常识，了解劳动法、合同法、妇女权益保障法等有关法律法规，知道什么是自己的正当权益，懂得如何维护自己的合法权益。当自身的合法权益受到侵害的时候，才能够有效维护自己的权益。

（2）要办理好合法的务工手续。谋求职业需到合法的劳动中介机构，要签订劳动服务合同。劳动服务合同能够起到保护雇用双方的权利和义务的作用。劳动服务合同应当包括：工作内容、工资待遇、服务期限、食宿条件、劳动纪律等相关内容。家政从业人员与雇主签订了服务合同，就确定了双方的劳动服务关系，劳动服务合同是受法律保护的。完备的务工手续，是对家政从业人员合法权益的保障。劳动服务合同是家政从业人员维护自身权益的依据。

（3）要敢于维护自己的合法权益。当遭遇雇主的虐待后，大多数的家政从业人员往往采取忍让躲避方法，其实这是一种错误的办法，这样做只会损失合法权益的权利，助长雇主的虐待行为，同时还有可能让下一位家政服务人员受到伤害。家政从业人员与雇主之间虽说是雇用关系，但双方在地位上是平等的，服务员的人格与劳动理应受到尊重。任何污蔑、侮辱、打骂家政从业人员的行为既有悖情理，又有悖法律。家政从业人员遇到这类情况，可以与雇主据理力争，也可以向家政服务机构反映情况，请他们帮助自己解决问题。可以凭借劳动服务合同，向劳动主管部门申请劳动仲裁，还可以直接向人民法院提起诉讼。

56 遇到哪些情况应及时向公司反应

家政从业人员在遇到以下情况时需及时向公司反应：

（1）经常受到雇主虐待。

（2）雇主无法提供正常居住条件。

（3）雇主或其家庭成员言行不恭。

（4）女主人经常不在家住。

（5）因雇主原因长期收不到家信。

（6）雇主拖欠或克扣工资。

如果一旦发生了以上问题，应马上向家政公司报告。

57 在社会交往中如何避免上当受骗

家政从业人员在社会交往中应该注意以下事项，谨防上当受骗：

（1）不被金钱和体面的工作所诱惑。每个人都希望获得较高的报酬或体面的工作，而坏人通常就利用人们的这种渴求，达到自己的目的。在自发劳务市场里经常混杂着这样的坏人，他们以帮助介绍工作为名，用高额工资、体面的工作为诱饵进行不法活动。

（2）不轻信他人。在现实社会生活中，好人与坏人一时很难辨别。因此，不要与不认识的人乱拉关系，不轻易被老乡的言辞所迷惑。总而言之，凡事都要三思而后行，慎重观察，不要轻易相信他人。

（3）恋爱要慎重。交朋友一定要慎重，不要过于天真、幼稚、轻信。否则，在复杂的社会环境中容易上当受骗。现实生活中，因婚恋上当受骗的比比皆是。许多人上当后，竟连对方真实的姓名，家庭详细地址都不清楚。交朋友一定要了解对方的真实情况，还要了解本人脾气秉性等。热恋中一定要把握自己的情感，切莫以身相许，一旦情况有变则后悔莫及。

58 需外出办事时应该注意什么

（1）有事需要外出，事先一定要分别向雇主和公司请假，告诉他们请假的原因、去向和返回时间。回到雇主家后要及时向雇主和公司报告。

（2）外出办事要在约定的时间之内返回雇主家中。尽量不要安排在晚上20时之后返回，以免天黑发生意外事故。与同乡约会一般要选择交通方便，标志明显、好找的地方，不要选择在那些偏僻的地点。如果遇到意外情况不能按时返回，务必及时通知雇主和公司，以免他们担心。

（3）家政从业人员不应在外留宿，因为部分雇主会对其个人卫生心存芥蒂。此外，外出留宿容易出现因意外情况而引起职责界定不清的劳务纠纷。

59 外出如何预防及应对抢劫

抢劫是以非法占有为目的、以暴力或者胁迫手段迫使受害人当场交出财物或抢走受害人财物的一种恶性犯罪。家政从业人员外出时应注意以下事项：

（1）带包在街头行走尽量远离机动车道；走在便道上时，应将包挎在自身靠近便道内侧一方。停自行车时一定要将车锁好。骑车时如果车筐内放有提包，应把包带绕在车把上。

（2）买东西、打电话时要注意身边是否有可疑的陌生人，特别是骑摩托车和自行车的人。一旦发现有骑摩托车的可疑人尾随，可迅速站到大树、汽车等障碍物后面，或就近避入临街商店内。

（3）在人员聚集地区遭到抢劫，家政从业人员应大声呼救，震慑犯罪分子，同时尽快报警。

（4）在僻静地方遇到抢劫不要惊慌，要保持镇静。面对拦路抢劫歹徒，一般不要盲目乱跑，因为歹徒的目的是抢劫钱财，急于逃走可能会遭到歹徒的伤害。

（5）如果感觉自己对付不了歹徒，可将随身携带的钱财或物品先交给歹徒，以保证自己的生命安全，同时记住歹徒的相貌、衣着、身高、口音和逃离方向、交通工具及车牌号等，寻找机会及时报警。

（6）寻找机会求救，一旦看准时机便向有人、有灯光的地方奔跑。如果歹徒人数较少，在有群众路过时，可趁歹徒不备突然跑开并高声呼救，在群众的协助下将歹徒吓跑或扭送公安机关。

60 在公交车上怎样防偷盗

公交车上是发生偷盗案件较多的场所，小偷经常利用乘客上下车和车内拥挤时进行偷盗。家政从业人员在乘坐公交车时应注意采取以下防偷盗措施：

（1）上下车时别拥挤，要排好队有序上下车。上下车时不要将包背在身后，要把包置于身前，以防小偷割包、掏包。

（2）在上车前准备好零钱。现金、手机要放到衣服的里兜，把外套的纽扣或拉锁扣好、拉好，不要给小偷留下可乘之机。

（3）上车后要警惕故意挤撞的可疑人，对一直紧贴身旁的人尤其要小心，防止小偷利用汽车起步、停车、拐弯、急刹车的时候顺势行窃。

（4）如果发现手机被盗，可以马上向其他乘客借手机拨打自己的手机号码，如果小偷没来得及关机即可循铃声抓住小偷。

61 独自乘坐电梯时怎样保护自己

家政从业人员在独自乘坐电梯时，应注意采取以下措施保护自己：

（1）独自乘坐电梯时，应在按钮旁站立。一是能随时看见从外面进来的人的外貌，二是遇见紧急情况时，容易从门口逃离或及时控制电梯按钮。

（2）有陌生男人进来时，应与其保持至少半米以上的距离，面向他而站，留心观察他的举动。

（3）可有意识地使用手中的包、书本或外套等物品遮掩胸部。

（4）若观察到对面的男人行为有些异常，不妨先在手中握住随身携带的钥匙，将钥匙最尖利的部分夹在两指之间，必要时用来保护自己。

（5）有意外发生时，迅速用手掌从上而下拍打所有按钮，这样，电梯会在每层都停下来，由此家政从业人员可以有更多机会寻求帮助。

（6）若与歹徒发生撕扯、扭打，应尽力使歹徒的面孔面向电梯中安置的摄像头，为日后尽快抓捕歹徒提供有利线索。

62 乘火车时怎样防盗窃

火车站的候车室人多杂乱，是偷盗案件经常发生的场所。由于旅客乘火车时常携带很多行李，有时需要在候车室等候较长时间，所以要格外小心看护自己的行李。

（1）在候车室候车时，不要与上前搭讪的陌生人谈话，更不要把自己的个人及家庭信息透露给陌生人。要时刻留意自己的行李物品。

（2）不要接受和食用陌生人给的食品和饮料，以防万一中毒遭遇不测。

（3）夜间不要在候车室打瞌睡，谨防扒手趁机调包、偷盗。

（4）上车后，要把行李放在自己的视线范围之内，不要放在自己不易看到的地方。

63 用提款机取款时怎样防骗、抢

银行的自动提款机（ATM 机）为储户取款提供了方便，但由于 ATM 机多设在银行服务大厅外，很少有银行工作人员和保安在旁监护，也为一些歹徒骗、抢储户的钱财提供了机会。家政从业人员在用提款机取款时应注意以下几点：

（1）歹徒通常在银行下班后作案，因此在银行下班后使用 ATM 机时，应格外警惕，可先观察周围的情况，如果发现有人尾随、偷窥，应尽快离开。

（2）如必须在夜间使用 ATM 机取款，应找人陪伴，提取现金后最好乘车离开。

（3）操作 ATM 机时要注意周围的情况，在输入密码时要用身体阻挡键盘，确保密码不被他人看到。

（4）若操作中受到干扰，家政从业人员在完成所有操作后，仔细核对取回的银行卡和交易清单，确认没有人调包才可离开。如果遇到骗、抢，应及时拨打 110 报警。

（5）如果不熟悉 ATM 机的操作，在银行上班时间，可以请银行工作人员或保安提供帮助。

64 外出时遇到跟踪者怎么摆脱

女性家政从业人员外出，特别是夜间单独外出时，如果发现有陌生人跟踪，就要立即警觉起来，因为跟踪是歹徒在选择合适的地点实施骚扰或抢劫前的步骤。

（1）当发现有人一直不远不近地跟在自己后面时，首先不要害怕。如果离家近，可以给家里打电话，让家人来接应；如果附近有朋友，也可请朋友接应。

（2）改变原行走路线，可横穿马路甩掉跟踪的人，或就近登上公交车、出租车离开。

（3）向着繁华热闹的街道、商场走，或是走到附近的学校、机关、派出所、治安岗亭等处寻求帮助，直到摆脱跟踪的人。

（4）如果发现有骑摩托的人尾随，要马上远离车道，冷眼观望尾随者的去向，尽快避到比较安全的地方。

（5）单独乘电梯时，如果有可疑的陌生人跟进来，可立即退出电梯，等下一趟人多时再乘坐。

65 怎样识别交通安全标志

家政从业人员在外出时应注意交通安全，首先应从以下方面认识交通安全标志：

（1）红绿灯。红绿灯是路口、道路上最重要的交通设施。信号灯树立在道路的两侧，分为三种颜色，红灯、黄色、绿色。红灯是禁止通行标志。红灯亮，禁止行人和车辆通行；黄灯亮，各种车辆必须停在路口停止线或人行横道线以内，已经超过停止线的车辆，可以继续通行；绿灯是通行信号。绿灯亮，准许车辆、行人通过。

（2）人行横道线、过街天桥、地下通道。人行横道线是画在路面上的白色平行线（俗称斑马线）。过街天桥和地下通道通常修建在交通繁忙的交通干线上。行人横过马路，必须走人行横道线、过街天桥和地下通道。在没有以上设施的地方横过马路时，要左右观看，在没有车辆通过，保证安全的情况下迅速通过。

（3）交通标线。在路面上划的各种颜色的线条，这是交通标线。在路口的顺行方向划有一根白线即是停止线。红灯亮时，各种车辆以及自行车、三轮车都应该停在这条线内。一般情况下，行人应走车道两旁的人行线。

（4）隔离墩、护栏。主要道路上设有隔离墩、护栏两种交通隔离设施。行人过马路时禁止翻越隔离墩、护栏。

（5）人行道。人行道是设立在道路两侧，专供行人行走的道路，在人行道内行走时，应靠右边行走；在没有人行道路段行走时要靠道路的右侧行走。

（6）铁路道口。通过铁路道口，必须服从看守人员的管理，当隔离杆落下后不要进入栏杆以内；通过无人看守的道口时必须停步瞭望，确认安全后，方可通过。

66 横穿马路时应该注意什么

横穿马路，可能遇到的危险因素会大大增加，家政从业人员应特别注意以下事项：

（1）穿越马路，要听从交通警察的指挥；要遵守交通规则，做到“绿灯行，红灯停”。

（2）穿越马路，要走人行横道线；在有过街天桥和地下通道的路段，应自觉走过街天桥和地下通道。

（3）穿越马路时，要走直线，不可迂回穿行；在没有人行横道的路段，应先看左边，再看右边，在确认没有机动车通过时才可以穿越马路。

（4）不要翻越道路中央的安全护栏和隔离墩。

（5）不要突然横穿马路，特别是马路对面有熟人、朋友呼唤，或者自己要乘坐的公共汽车已经进站，千万不能贸然行事，以免发生意外。

67 骑车时应注意哪些安全常识

家政从业人员在骑车外出时应注意安全，尤其是遇到雨雪天气，更应格外小心。

（1）骑车前必须检查牌照是否齐全，车闸、车铃安全设施是否灵敏可靠。

（2）骑车要在非机动车道内骑行，在没有自行车道的路面应靠马路右侧骑行。

（3）骑车不要逆行，车速不要太快，转弯前应减速慢行，向后瞭望并伸手示意，不突然猛拐。

（4）骑车时不准双手离把、攀扶其他车辆或手中持物、互相追逐或曲折行驶。

（5）骑车时不准带人，不要并行。不要在马路及人车较多的地方练习骑车。

（6）骑车途中遇雨，不要为了免遭雨淋而埋头猛蹬。

（7）雨天骑车，最好穿雨衣、雨披，不要一手持伞，一手扶把骑行。

（8）雪天骑车，自行车轮胎不要充气太足，这样可以增加与地面摩擦，不易滑倒。

（9）雪天骑车，应与前面的车辆、行人保持较大的距离。

（10）雪天骑车，要选择无冰冻、雪层浅的平坦路面，不要猛捏车闸，不急拐弯，拐弯的角度也应尽量大些。

（11）雨雪天气。道路湿滑，骑车精力要更加集中，随时准备应付突发情况，骑行的速度要比正常天气时慢些。

68 乘坐公交车时应注意哪些安全常识

家政从业人员在乘公交车外出时，应注意以下安全事项：

（1）外出乘坐公交车辆时，应按照先后顺序排队上车。在乘坐地铁、城铁时必须站在黄色隔离线以外等候。

（2）上车时，应等车辆停稳，先下后上，按顺序上车。上车后应主动向车厢内行走，不要拥堵在车门口，妨碍他人上下车。

（3）上车后应主动刷卡或购票，车票要保存好，已备下车时相关人员查验。

（4）乘车时遇到老、弱、病、残、孕妇或怀抱婴儿的人应主动让座。

（5）乘车途中不能将头和手伸出窗外，不要乱扔废弃物品，要保持车内外环境卫生。

（6）不携带有碍乘客安全的物品乘车。携带大件物品时不要挡住中间通道，妨碍他人上下车。携带肉、鱼等物品上车时，要包裹好以免弄脏他人衣服。雨天乘车上车前要脱掉雨衣，妥善放置好雨伞。

（7）应提前做好下车准备，按顺序下车，如车内比较拥挤时，可提前礼貌地与前面的乘客互换。

（8）下车后，不要在车头和车尾处突然猛跑、穿越马路。

69 在公共场所遇到混乱情况时应该怎么办

人员密集的公众场所，如灯会、公园、商场、体育场馆、影剧院、歌舞厅、网吧等，一旦发生混乱，后果不堪设想。因此，家政从业人员在公共场合应注意以下几点：

（1）去参加大型集会，要尽量穿平底鞋，以保持身体的平衡，不易摔倒。

（2）进入公众场所时，要提前观察好安全通道、应急出口的位置。

（3）遇到紧急情况时，应保持镇静，在相对安全的地点短暂停留。人群拥挤时，要用双手抱住胸口，以免内脏被挤压而受伤，能靠边走最好靠边，以便减少人群压力。

（4）在人群中不小心跌倒时，应立即收缩身体，紧抱着头，最大限度地减少伤害。

（5）服从现场工作人员地引导，尽快就近从安全出口有序撤离，切勿逆着人流行进或抄近路。

70 毒品有哪些危害性

毒品是指鸦片、海洛因、吗啡、大麻、可卡因、冰毒、摇头丸，以及国家规定管制的其他能够使人形成瘾癖的麻醉药品和精神药品。简单地说，凡是非法使用，能使人成瘾的麻醉品和精神药品等都是毒品。毒品的危害可以概括为“毁灭自己，祸及家庭，危害社会”十二个字。家政从业人员应从以下方面充分认识到毒品的巨大危害：

(1) 毁灭自己。毒品摄入人体后会产生戒断反应，对健康形成直接而严重的损害，导致急慢性肝炎、肺炎、败血症、心内膜炎、肾衰竭、心律失常、血栓性静脉炎、动脉炎、支气管炎、肺气肿、各种皮肤病、慢性器质性脑损伤、中毒性精神病、性病及艾滋病等各种疾病。

(2) 祸及家庭。吸毒者在自我毁灭的同时，也会毁掉自己的家庭。一个人一旦吸毒成瘾就会丧失人格，道德沦丧，为购买毒品耗尽正当收入后就会变卖家产，四处举债，六亲不认。妻离子散，家破人亡，往往就是吸毒者的结局。

(3) 危害社会。吸毒与犯罪如一对孪生兄弟，吸毒者为获得毒资往往置道德、法律于不顾，越轨犯罪，严重危害人民生命财产安全。另外，对吸毒者进行各种医疗诊断，缉毒，戒毒力量的投入，对药物滥用防治工作的开展等都会给社会带来严重的负担。

71 怎样避免沾染毒品

家政从业人员避免沾染毒品需注意以下事项：

(1) 了解毒品基本知识和毒品的危害，懂得“吸毒一口，掉入虎口”的道理。

(2) 树立正确的人生观，不盲目追求享受、寻求刺激、赶时髦。

(3) 不听信毒品能治病，毒品能解脱烦恼和痛苦，毒品能给人带来快乐等各种花言巧语。

(4) 不结交有吸毒、贩毒行为的人。如发现亲朋好友中有吸、贩毒行为的人，一要劝阻，二要远离，三要报告公安机关。

(5) 即使自己在不知情的情况下，被引诱、欺骗吸毒一次，也要珍惜自己的生命，不再吸第二次，更不要吸第三次。

第四章

作业安全篇

家政从业人员的工作内容主要是在雇主家庭中从事家居保洁、日常饮食、看护婴幼儿、照料老人病人等工作。工作中包含着各类家用电器使用、食品、药品等安全知识。如果稍不留意可能会给人员和财产造成安全事故。因此，家政从业人员应在从事家政作业过程中要牢固树立“安全第一”的思想，熟悉、掌握相关安全防护科学常识，以便在更好地完成服务任务的同时，避免因操作使用不当引发安全事故，保护自己和雇主家人免受伤害。

72 怎样安全用电

家政从业人员在日常工作过程中应了解如下安全用电常识：

（1）了解电源总开关，学会在紧急情况下关断总电源。

（2）不用手或导电物（如铁丝、钉子、别针等金属制品）去接触、探试电源插座内部。

（3）不要把电线直接插入插座。

（4）插座不能过载，单一插座不能插多个插头。

（5）拔掉电器插头时，手指任何部位都不能接触插头的金属部分。

（6）电器使用完毕后应拔掉电源插头；插拔电源插头时不要用力拉拽电线，以防止电线的绝缘层受损造成触电。

（7）电线的绝缘皮老化、破损，不能继续使用，应及时告知雇主进行更换。

（8）沾水的电线、电器，不准在未干透的情况下通电使用。

（9）发现有人触电要设法及时切断电源；或者用干燥的木棍等物将触电者与带电的电器分开，不要用手去直接救人。

（10）不随意拆卸、安装电源线路、插座、插头等。安装灯泡也要先关断电源。

73 怎样安全使用电器

家政从业人员使用家用电器时，除了应该注意安全用电问题以外，还要注意：

（1）各种家用电器用途不同，使用方法也不同，有的比较复杂。一般的家用电器应当先学习使用，对危险性较大的电器则不要自己独自使用。

（2）使用中发现电器有冒烟、冒火花、散发出焦煳的异味等情况，应立即关掉电源开关，停止使用。

（3）电吹风机、电饭锅、电熨斗、电暖器等电器在使用中会发出高热，应注意将它们远离纸张、棉布等易燃物品，防止发生火灾；同时，使用时要注意避免烫伤。

（4）要避免在潮湿的环境（如浴室）下使用电器，更不能使电器淋湿、受潮，这样不仅会损坏电器，还会发生触电危险。

（5）电风扇的扇叶、洗衣机的脱水筒等在工作时是高速旋转的，不能用手或者其他物品去触摸，以防止受伤。

（6）遇到雷雨天气，要停止使用电视机，并拔下室外天线插头，防止遭受雷击。

（7）电器长期搁置不用，容易受潮、受腐蚀而损坏，重新使用前需要认真检查。

（8）严禁在通电的情况下移动电器。

（9）严禁用湿手去触摸电器的开关，插、拔电源插头。

（10）禁止用带水的毛巾擦拭家用电器开关、插座及其表面，以免造成短路引发火灾。

（11）家用电器和电线起火，首先切断电源，电器具发生火灾时不能用水泼，因为水是导电的。

74 怎样预防人身触电事故

触电能造成人员烧伤或死亡，而且事故的多数原因是人为造成的。家政从业人员在用电中注意以下问题，可以预防触电事故：

（1）损坏的开关、插销、电线等应赶快修理或更换，不能将就使用。

（2）不懂电气技术和一知半解的人，对电气设备不要乱拆、乱装，更不要乱接电线。

（3）灯头用的软线不要东拉西扯，灯头距地不要太低，扯灯照明时，不要往铁丝上搭。

（4）电灯开关最好用拉线开关，尤其是在潮湿的房间里，不要用床头开关和灯头开关。

（5）屋内电线太乱或发生问题时，不能私自摆弄，一定要找电工来检修。

（6）拉铁丝搭东西时，千万不要碰附近的电线。

（7）屋外电线和进户线要架设牢固，以免被风吹断，发生危险。

（8）室外线被扯断时，不要靠近或用手去拿，应找人看守，并赶快通知电工修理。

（9）不要用湿手动用电气设备，也不要碰开关，以免触电。

（10）大清扫时，不要用湿抹布擦电线、开关和插销，也不要用水冲洗电线及各种用电器具、电灯和收音机等。

75 高温季节应注意哪些用电安全事项

高温季节，家电在使用过程中的散热较慢，所以，家政从业人员在夏季要特别注意：

（1）不要用手去移动正在运转的家用电器：如台扇、洗衣机、电视机等。如需搬动，应关上开关，并拔去插头。

（2）对夏季使用频繁的电器，如电热淋浴器、台扇、洗衣机等，要采取一些实用的措施，防止触电，如经常用电笔测试金属外壳是否带电，加装触电保安器（漏电开关）等。

（3）夏季雨水多，使用水也多，如家中不慎浸水，首先应切断电源，即把家中的总开关或熔丝拉掉，以防止正在使用的家用电器因浸水，绝缘损坏而发生事故，其次在切断电源后，将可能浸水的家用电器，搬到不浸水的地方，防止绝缘层浸水受潮，影响今后使用。如果电器设备已浸水，绝缘受潮的可能性很大，在再次使用前，应对设备的绝缘测试。

（4）对于电视机、空调等电器，夏季使用时间不可持续过长，一般不要超过10小时，特别是电视机，最好收看四五个小时后就停用，并采取散热措施；对于电热水器要时常检查其自动调节装置是否损坏，以免发生过热，引起爆炸或火灾；冰箱也应放在较通风的地方。

（5）切忌在衣柜里装设电灯烘烤衣物。

（6）夏季家电使用频繁可能导致保险丝熔断，这是用电过载的预告，不可将保险丝愈换愈粗，以免短路时不能及时熔断，引起电线着火。

（7）闲置的电器或使用完的电器应拔掉电源插头。

76 怎样安全使用电源

电冰箱、电视机、洗衣机、空调器等家用电器的普及，为人们的生活带来了诸多便利。家政从业人员要注意电源的安全使用，以避免不必要的伤害。

（1）带金属外壳的电器应使用三脚电源插头。有些家电出现故障或受潮时可能漏电。一旦外壳带电，用的又是两脚电源插座，人体接触后就有遭受电击的可能。

（2）耗电大的家用电器要使用单独的电源插座。因为电线和插座都有规定的载流量，如果多种电器合用一个电源插座，当电流超过其额定流量时，电线便会发热，塑料绝缘套可能熔化导致燃烧。

（3）电压波动大时要使用保护器。日常生活中，瞬间断电或电源电压波动较大的情况时有发生，这对电冰箱是一种威胁。若断电后又在短时间（3～5分钟）内恢复供电，电冰箱的压缩机所承受的启动电流要比正常启动电流大好几倍，可能会烧毁压缩机。

77 怎样安全使用电视机

家政从业人员在使用电视机时需注意以下事项：

（1）电视机要放在良好的通风散热处。

（2）不要长期用遥控器关闭电视，长时间不看电视时要关掉电视机电源。

（3）雷雨天尽量少看电视，不要使用室外天线，防止电视机受雷击烧坏。

（4）电视机屏幕要避免阳光直射，不用时可用较厚的深色布罩起来。

（5）不要频繁开、关电视，以延长显像管的使用寿命。

（6）擦拭屏幕应用较柔软的干布，收看时或收看刚结束时，一定不要用冷的、潮湿的硬布擦屏幕，以防止骤冷引起显像管爆裂。

78 怎样安全使用空调器

家政从业人员在使用空调器时需注意以下事项：

（1）空调器开机前，应查看有无螺丝松动，防止意外。

（2）空调器应安装保护装置，万一发生故障，熔断器可以切断电源。

（3）不能频繁开、关空调。使用时制冷制热开关不能立即转换，否则会增加压缩机压力造成过热。

（4）空调器必须采取接地或接零保护。

（5）空调器周围不得堆放易燃物品。

（6）控制好开机和使用中的状态设定。

（7）选择适宜出风角度。

（8）定期清扫滤清器网眼，应半月左右清扫一次。

（9）尽量少开门窗，可以使用厚质、透光的窗帘减少房间内外热量交换。

（10）空调器如果长期不用，应将电源断开，清扫干净，套上布罩。

79 怎样安全使用电饭煲

家政从业人员在使用电饭煲时需注意以下事项：

（1）电饭煲在使用时，一定要清除内锅底与电热板之间的水迹及杂物，保证良好的热传导作用。

（2）不能用水泡洗电饭锅电热板，严禁带电拆除电热板，只能在切断电源后，用湿布蘸洗涤剂擦拭去除油污，再用清水擦净晾干。

（3）内、外锅必须接触良好，选择好适当的程序。

（4）食物煮好后或食用前拔去电源。

80 怎样安全使用抽油烟机

家政从业人员在使用抽油烟要时需注意以下事项：

（1）使用时可根据烹制菜肴或制作加工食物所产生油烟浓淡的程度，选择抽风的强或弱。

（2）每日餐后应对其外表面进行清洁。

（3）抽油烟机的集油盒要经常清洗，整机一般半年清洗一次。

81 怎样安全使用电冰箱

家政从业人员在使用电冰箱时需注意以下事项：

（1）电冰箱要放置于阴凉、干燥、通风的地方，不要紧贴墙面以利于箱体散热。

（2）冰箱的开门时间尽量少而短。

（3）箱内温度调节适宜。

（4）不可将汽油、酒精、胶黏制品等易燃、易爆物品放入冰箱，以免引起爆炸。

（5）食物自然冷却至室温再放入冰箱。

（6）食品要分类存放，并使用保鲜膜与食品袋以免交叉污染和相互串味。

（7）对电冰箱内存放的食品物品，要经常清理，以免变质、变味。

（8）当电冰箱内的霜积至 5 毫米厚以上时就应除霜。

（9）不能用湿手触碰冷冻室的食物和容器，以免被低温冻伤手指。

（10）打开箱门、关闭箱门与推拉冷藏抽屉时动作要轻，取物的动作要迅速，用后要检查箱门是否关严。

（11）要经常检查制冷系统管路的密封性，避免制冷剂泄漏。

（12）必须采用接地或接零保护，接通电源采用三脚插头。

82 怎样安全使用微波炉

家政从业人员在使用微波炉时需注意以下事项：

（1）不能将有磁性的物品靠近炉体，否则易使磁控管的工作效率下降。

（2）炉内无食物时，不能通电空烧。

（3）微波炉在使用时，不能直接打开去查看磁控管、波导及其他电路部分。

（4）盛放食品的器具，必须是非金属材料，切勿使用金属器具以免损坏微波炉。

83 怎样安全使用高压锅

家政从业人员在使用高压锅时需注意以下事项：

（1）每次使用高压锅前，要仔细检查阀座的中心和安全塞是否畅通，若发生堵塞，应及时疏通。

（2）掌握好压阀时间，应等蒸汽从排气孔稳定排出后才可压阀，当蒸汽冲出限阀时，可改用小火降温。

（3）掌握好取阀时间，应等锅内气压消失方可取下压力阀和打开锅盖，注意不要对着排气孔。

84 怎样安全使用电热水器

家政从业人员在使用电热水器时需注意以下事项：

（1）使用电热水器时，当打开水阀而没有出水时，要立即断开电源，防止因故障使电热水器在无流动水的情况下工作而损坏。

（2）使用电热水器要避免因进水口太小导致出水口温度过高而损坏电热水器。

（3）使用时为防止烫伤，可以先开冷水阀，再开热水阀；关时先关热水阀，再关冷水阀。

（4）使用贮水式电热水器要求自来水处于常开状态，保证水箱经常有水。

（5）自来水阀门最好不使用带手轮的阀门，可使用扳手式阀门，防止有人误关水阀，导致水箱缺水烧毁电热丝。

（6）如果水压或电压过低，应暂停使用。

（7）勿将水洒到开关处，以免造成短路。

85 怎样安全使用洗衣机

家政从业人员在使用洗衣机时需注意以下事项：

（1）洗衣机必须具有接地或接零保护，采用三脚插头，不要用湿手去拔插头。

（2）严格按照程序操作，衣物不能超重，以免损坏电机。

（3）洗衣机的水温不宜超过 50 摄氏度，忌往空箱内注入开水。脱水、洗衣桶、波轮、搅拌器等运转时，禁止将手伸进桶内。

（4）使用时发现电机卡住或出现异常声音、气味时应立即切断电源再进行查看。

（5）保持桶内外清洁、干燥。

86 怎样安全使用吸尘器

家政从业人员在使用吸尘器时需注意以下事项：

（1）每次使用时间不宜过长，最好不超过一小时，以免电机过热。

（2）需及时清灰，避免堵塞滤尘器、集尘器，以保持良好的吸尘效果，切忌满点工作。

（3）不允许吸入潮湿的泥土、泥浆、燃着的烟头和金属碎屑。

（4）吸尘器使用完后要放置在干燥的地方，避开热源和阳光，防止塑料受热变形和老化。

（5）经常检查电源线、滤尘袋和接地装置的完好情况。若电源线有损坏、裂纹、滤尘袋有漏洞应及时更换。

87 怎样安全使用电熨斗

家政从业人员在使用电熨斗时需注意以下事项：

（1）不要盲目使用大功率的电熨斗。

（2）严禁在无人照管情况下接通电熨斗电源。

（3）要养成“人离开，拔插头；暂不用，熨斗竖”的好习惯。当要开门、接电话或处理小孩哭闹等情况需要离开时，必须切断电源，注意不要把热的电熨斗放在小孩能触碰到的地方。

（4）在熨烫过程中，电熨斗的底板温度可能会超过要求，这时只要关掉电源或拔除电源插头，让它自然降至适当温度时再进行熨烫。切勿浸水降温，以免损坏电热元件，或发生漏电、触电事故。

（5）熨烫时，电熨斗上的电源拖线应妥善安排，以不妨碍熨烫操作和有关的准备工作为原则，注意防止损坏电线或拖翻电熨斗。

（6）每次用完后待放凉再收藏。

88 怎样安全使用电风扇

家政从业人员使用电风扇时需注意以下事项：

（1）严格控制电风扇的使用时间。

（2）每年启用电风扇之前，应向电机加油孔中注入机油，使转动摩擦部位保持润滑，不致产生高温；平时经常用干净抹布揩擦电机，去除黏附在外壳上的灰尘。

（3）不在有易爆易燃物品的场所使用。

（4）必须使用三芯插头，保证外壳有良好的接地。

（5）根据需要尽量使用中挡或低挡。

（6）风扇的放置位置最好是便于空气流通的门、窗旁边，以提高降温效果。

89 怎样安全使用电热毯

家政从业人员在使用电热毯时需注意以下事项：

（1）购买电热毯时应把好质量关。

（2）敷设直线型电线的电热毯，不能用在“席梦思”、沙发床、钢丝床、弹簧床等伸缩性较大的床上。

（3）不能折叠起来使用。

（4）离家外出或停电时，必须拔下电源线插头。

（5）电热毯在使用和收存过程中，应注意防止电热线因折叠疲劳而断裂。

（6）被尿湿或弄脏的电热毯，不能用手揉搓洗涤，否则会损坏电热线绝缘层或折断电热线。

（7）电热毯的平均使用寿命为 5 年左右。

90 怎样安全使用消毒柜

家政从业人员在使用消毒柜时需注意以下事项：

（1）用完的餐具必须先洗干净，将水擦干后再放入消毒柜中。

（2）不能承受高温的餐具必须放在低温层。

（3）塑料等不耐高温的餐具不能放在下层高温柜内，而应放在上层臭氧消毒的低温柜，以免损坏餐具。

（4）在消毒过程中注意不要打开柜门，避免被高温灼伤。

（5）消毒柜是专门为消毒餐厨具而生产的，其他东西不能放进消毒柜内消毒，避免发生危险。

91 怎样安全使用电磁炉

家政从业人员在使用电磁炉时应注意以下事项：

（1）电磁炉必须放在平衡的台面上，不能阻挡底部风扇的通风口，周围也不能有水源，防止水滴溅入炉内。

（2）使用时，不要让铁锅或其他锅具空烧、干烧，以免电磁炉面板因受热量过高而裂开。

（3）工作过程中，如发现风扇不转，要立即停止使用。

（4）在炉面上放置锅具时要轻、稳，不可用力碰撞，以免撞裂炉面。

（5）烹调刚刚结束时，不能用手触摸炉面，以免烫伤；也不能立即用冷湿布擦拭，以免炸裂。

92 怎样安全使用煤气

人们通常把天然气、石油液化气、煤气等可燃性气体都叫做煤气。煤气给人们生活带来了许多方便，但如果使用不当，它也会造成灾难。家政从业人员使用煤气时要注意以下各点：

（1）认真阅读燃气器具等的使用说明书，严格按照说明书的要求操作、使用。

（2）无论是管道煤气，还是罐装液化石油气，都必须“先点火后供气”，即先将火源凑近灶具然后再开启气阀。煤气使用后，要随手先关闭阀门，再闭合煤气灶上的开关。

（3）经常保持燃气器具的完好，发现漏气，及时检修；使用液化石油气或煤气时，若听到微小漏气声音，或闻到异味时，应立即关火检查。注意不能用明火检查煤气管道是否漏气。听到漏气声，要立即关闭钢瓶阀门（或煤气管道总开关），迅速打开窗通风。切记此时不要开关换气扇、抽油烟机、电风扇、电冰箱、电灯等家用电器。

（4）使用液化石油气或煤气烧饭或烧水时，人不能长时间离开做其他事情，以防止火被风吹灭或被锅中溢出的水浇灭，造成煤气大量泄漏而发生火灾。

（5）液化气瓶要远离火源（至少1米以上），直立使用，不能倒立、卧放，不能用火烘烤，严禁私自倒掉残液和抽气倒灌。

（6）使用燃气器具（如煤气炉、燃气热水器等），应充分保证室内的通风，保持足够的氧气，防止煤气中毒。

（7）要经常检查灶具管路连接处有无漏气的地方，如有漏气，应及时修理，严禁明火试气。

（8）若雇主家中使用的是煤气罐，应注意，煤气罐必须与地面垂直站立，不能斜放、倒卧。

（9）使用煤气灶时，人不可长时间离开，以免发生漏气引起火灾事故。

（10）要先点火再放气，然后再坐锅，室内要保持通风。

（11）为安全起见，每天外出前、临睡前和使用完后，都要检查气阀门是否正确关闭。

（12）灶火用完后，要先关紧燃气总阀门，待灶火熄灭后再关闭灶具开关，要拧到位，完全切断灶具气源。

93 怎样防止烫伤

烫伤是家政工作中常常遇到的事故。在家庭生活中，最常见的是被热水、热油等烫伤。家政从业人员在工作中要注意以下几点以防烫伤：

（1）从炉火上移动开水壶、热油锅时，应该戴上手套用布衬垫，防止直接烫伤；开水壶、热油锅要放在人不易碰到的地方。

（2）在炒菜、煎炸食品时，防止被溅出的热油烫伤；注意力要集中，不要把水滴到热油中，否则热油遇水会飞溅起来，把人烫伤。

（3）油是易燃的，在高温下会燃烧，做菜时要防止油温过高而起火。万一家中的油锅起火，千万不要惊慌失措，应该尽快用锅盖盖在锅上，并且将油锅迅速从炉火上移开或者熄灭炉火。

（4）家用的电熨斗、电暖器等发热的用具会使人烫伤，在使用中应当特别小心，尤其不要随便去触摸发热部位。

94 怎样防止家中水患

家中水池冒水、漏水，如果蔓延到居室会损坏家具、电器等。家庭中出现水患往往由于疏忽所致，因此家政从业人员防水患应该做到：

（1）用水完毕，要关紧水龙头。

（2）厨房下水道口应加网，并要随时清除水道口网的渣滓、杂质，防止下水道堵塞。

（3）经常检查水管、暖气管的连接处，发现滴漏、渗水要及时报修。

（4）卫生间的使用更应注意，不要使用不容易溶解的厕纸，更不要将卫生巾、烂布头等扔进坐便器中，以免堵塞下水道造成溢水。

95 居室内活动应注意哪些安全事项

在居室内活动，若掉以轻心同样容易发生危险，家政从业人员应注意：

（1）防磕碰。目前大多数家庭的居室空间比较狭小，又放置了许多家具等生活用品，所以不应在居室中做剧烈的运动和游戏，防止磕碰受伤。

（2）防滑、防摔。居室地板比较光滑，要注意防止滑倒受伤；需要登高打扫卫生、取放物品时，要注意防护，防止摔伤。

（3）防坠落。住楼房，特别是住在楼房高层的，不要将身体探出阳台或者窗外，谨防不慎发生坠楼的危险。擦拭楼房户外玻璃窗时，不得穿拖鞋，必须站立在窗台的里侧，系安全带或采取其他有效的保护措施。另外家政从业人员严禁抱着孩子站立在楼房的窗台和晾台处玩耍。

（4）防挤压。居室的房门、窗户，家具的柜门、抽屉等在开关时容易挤手，也应当处处小心。

（5）防意外伤害。改锥、刀、剪等锋利、尖锐的工具，图钉、大头针等文具，用后应妥善存放起来，不能随意放在床上、椅子上，防止有人受到意外伤害。

96 怎样防止割伤

家政从业人员在日常工作中要防止割伤应注意以下几点：

（1）洗碗盆内不能丢放任何利器，如菜刀、水果刀等。

（2）当发现有利器落下时，千万不要尝试用手接住。

（3）不可用手指收拾破碎的瓷器或玻璃碎片。

（4）不锋利的刀如果使用不当也有可能造成意外。

97 怎样防止滑倒、撞伤

家政从业人员在家中要防止滑倒、撞伤应注意以下几点：

（1）地板有水渍或食物应立即清理干净。

（2）玩具或杂物不能四处散布在地上。

（3）过长的电线要束好。

（4）穿着合适的低跟防滑鞋，不宜穿凉鞋、拖鞋或高跟鞋行走或奔跑。

（5）爬高要用安全梯，不可用椅子垫高。

（6）堆放物品，不可上重下轻。

（7）打开柜门后，离开时要立即关上，不可图一时方便。

（8）提起重物要用腿力，保持直腰，避免弯腰提物。

（9）若移动过重的家具物品，应找别人帮忙，不可勉强一人进行。

98 家庭用药必须遵循哪些原则

家政从业人员在家庭用药方面应遵循以下原则：

（1）不要随便用药。症状往往是疾病诊断的依据之一，随便用药会掩盖症状，造成诊断困难，甚至误诊。所以在明确诊断之前，最好不要随便用药。再者，药物有双重性，既能治疗疾病，也可能导致疾病，严重者还可能危及生命。因此，无严重症状时不必服药。

（2）注意药物的相互作用。两种以上药物同时服用，彼此可能产生相互作用，有时可使其中一种药物降低药效或引起不良反应。如青霉素类和四环素族合用，其抗菌效力不及单独使用。因此若要一次同服数种药物时，应经医生或药剂师指导，以免因药物的相互作用而失效。

（3）注意服药方法。服药除了要注意时间、次数外，尚须注意方法。绝大多数药物是采取吞服的，但有些药物如干酵母则宜嚼碎后吞服。又如硝酸甘油片宜舌下含服，这样可以更好地保证药效。

（4）掌握用药剂量：用药一定要按剂量，超量服用可产生不良反应，甚至可引起死亡。如不注意老年人和小孩退烧药物的剂量，可能会因服药过量引起出汗过多而使体温骤降，引起虚脱。

99 怎样理解药品说明书上的标识

绝大多数的药品说明书上都印有“慎用”、“忌用”和“禁用”的事项。这3个词总的是嘱咐吃药的人要注意，不能乱吃，虽只有一字之差，但嘱咐的轻重程度却大不相同。家政从业人员在自己用药或给所服务家庭人员用药时应特别留意以下标识：

（1）“慎用”，是提醒服药的人服用本药时要小心谨慎。就是在服用之后，要细心地观察有无不良反应出现，如有就必须立即停止服用；如没有就可继续使用。

（2）“忌用”，比“慎用”进了一步，已达到不适宜使用或应避免使用的程度。标明“忌用”的药，说明其不良反应比较明确，发生不良后果的可能性很大，但人有个体差异而不能一概而论，故用“忌用”一词以示警告。

（3）“禁用”，是对用药的最严厉警告。禁用就是禁止使用，否则，将全产生严重后果。

100 怎样识别假药

家政从业人员在日常服务中应从以下方面识别假药：

（1）从包装上识别。虽然运用现代科技手段能够仿制正牌药品的包装，并可以达到以假乱真的程度，但是假药总会有种种表现，如包装较为粗糙、色调较差、套色不佳、字迹模糊、文字说明中常出现错别字等，仔细辨别可见破绽。

（2）从气味上识别。一些药品具有特殊的气味，如气味发生改变，有怪味或气味消失等，均应警惕是否为假药。

（3）从外表上识别。正品药品颗粒均匀，不易捻碎。假劣药品则颗粒大小不一，易褪色，易捻碎且捻碎后有淀粉样感觉。假劣药品在距其所标出的出厂日期不久或在其所标的有效期内，往往发生变色、粘连、松片、裂片、沉淀、发霉、腐败等变化。正规的针剂药品封口光滑，印字清晰，无沉淀混浊物。而假药往往封口粗糙，有毛刺，印字模糊。

（4）从期限上识别。经批准合法生产的正规药品应有明确的生产日期、使用年限以及使用限期内某些药品如出现沉淀、变色等情况时的处理。假药往往有生产日期而无使用年限，或有使用期限又无生产日期，甚至有时会两者均无注明。

（5）从说明上识别。经批准合法生产的药品，其说明书内容准确，治疗范围限定严格，使用的方法、禁忌、毒副作用等，均有详细说明。宣称包治百病的往往是假药。

（6）从文号上识别。药品批准文号都带有“药”字样，如“京卫药准字（1996）第105091号”为头。若批准文字为“京健食准字”或“京食准字”为开头则不属于药品。

101 怎样识别药物是否变质

药物是否变质，是药物是否有效的关键问题。家政从业人员可以通过仔细观察药物的外观性状：色、嗅、味等形态来识别药物是否变质。如药物出现下列情况，表明药物已变质，不能再使用了。

（1）片剂。白色药片变黄，表面粗糙、疏散或潮解，或有结晶析出。药片上有斑点，发霉，虫蛀，有臭味等。

（2）糖衣片。有粘片或黑色斑点，糖衣层裂开，发霉，有臭味等。

（3）冲剂。如本应疏散滚动的干燥颗粒发黏，结块，溶化，有异臭等。

（4）胶囊及胶丸。有明显软化、破裂、漏油、或互相粘连等。

（5）糖浆。有较多沉淀物或发霉等。

（6）粉针剂。若发现瓶内药粉有结块、经摇动不散开、药粉黏瓶壁，或已变色等。

（7）水针剂。如见药液颜色变深、浑浊、沉淀或有霉点、絮状物等。但须注意，有些针剂（如甘露醇）在冬季低温下，会产生结晶，经隔水加以微温后，可使之溶化，并非变质。

（8）混悬剂及乳剂。如有大量沉淀，或出现分层、经摇亦不匀者。

（9）栓剂、眼药膏及其他药膏。若有异臭、酸败味，或见明显颗粒干涸及稀薄、变色、水油分离等。

（10）眼药水、滴鼻剂。如药液中有结晶、絮状物，或见浑浊、变色等。

（11）中成药丸、片剂。如发现霉变、生虫、潮化、蜡封丸蜡封裂开等。

102 怎样识别药物的批号和有效期

（1）药物的批号。批号是药品每批生产的时间，一般采用6位数，前2位数表示年，中间2位数表示月，末尾2位数表示日，如“930615”即表示此药是1993年6月15日生产出来的。如印有“930615－2”，即表示此药是1993年6月15日第二批生产出来的。

（2）药物的有效期。药物的有效期是经过一系列科学实验，观察其在一定存贮条件下，从生产出来之日算起，一直能够保持药效的时间而订的，一般以整年计算。如批号为“930615”、有效期为三年，即表示该药物的有效期，是从1993年6月15日起，到1996年6月15日止，即1996年6月15前有效。有的药品，标有失效期，如“失效期1996年6月”，是说到1996年6月1日就失效了。有效期和失效期，虽同是一个月份，但天数相差15天，应加以注意。

103 怎样存放药品

每个家庭都或多或少地会存放一些药品，但药品的保存应该有正确的方法，否则易霉变、过期，变质后造成浪费或误服而引起不良反应。

（1）存放原则。绝大多数药品都很容易受到环境因素的影响而发生物理、化学变化。引起这些变化的常见原因包括光线、湿气和热度等。因此药品保存的首要原则就是避光、避湿、避热。

（2）保存方法。散装药粒需避光，要用避光玻璃瓶或塑料瓶装置，最好内放干燥剂；液体制剂室温保存。如一般止咳糖浆、抗过敏糖浆、解热镇痛药或止流鼻涕药剂，这些药水开瓶后，不需摆在冰箱内，只要在室温下保存即可。

有特别提示的需放在冰箱中冷藏的，依标示处理。但要注意，若开封后 1 个月内未用完，应立即丢弃；雾剂类药品喜温暖，应存放在室内较温暖的地方，以免在使用时发生喷药不畅、药物不匀的现象。中药保存应得法，必须在低湿的环境下贮存，存放时最好能使用干燥的非铁器类密封罐，也可以用塑料袋将它层层包封以隔绝空气。若经常取药，可以将药品制成小包装，以免整体受潮；若长时间不用药，可将药品保存于冰箱。

104 药物中毒的原因通常有哪些

家政从业人员应从以下方面了解药物中毒的原因：

（1）家庭中备药较多，一时疏忽拿错药，导致误食。

（2）不遵医嘱，吃过量，或者自己盲目用药，没有对症。

（3）药物时间长，发生变质，而患者服用时没有注意而误食。

（4）老人可能会因患有多种疾病，接受多种药物的治疗，造成药物在体内蓄积而中毒。

105 怎样预防药物不良反应

药物产生的不良反应相当可怕，但只要能做到防患于未然，家政从业人员就能预防药物的不良反应。

（1）自行到药店购买非处方用药，应针对自己的症状选择有效药物，避免盲目用药。

（2）服药前要仔细阅读药物说明书，了解不良反应和禁忌症。使用对肝肾功能、造血系统、神经系统、血糖产生不良反应的药物，要向医生咨询或定期做化验检查，进行监测。

（3）不可随意增加或减少药物剂量，也不能随意延长疗程或突然停药。因药物的疗效与剂量并不完全成比例，不是用药越多，疗效越好，到一定剂量之后再增加剂量，副反应要比疗效大得多。剂量过小不能取得疗效，还有不少弊端。

（4）请医生开处方时，应向医生如实叙述疾病的起因、时间、症状、已作过的诊断或已用过的药物及疾病的演变过程，以求得正确的诊断，这是合理用药的首要依据。

（5）要牢记自己药物过敏的经历，不管是自己购药还是医生处方，都要让医生或药房的人知道自己过敏的药名，绝不能用已验证过敏的药物。

（6）对自身疾病要心中有数，如患有糖尿病、肝功不全、肾功能障碍、有溶血反应、红斑狼疮等重要疾病，要牢记自己不能使用的药物，请医生看病开处方时，要先告知医生。

106 怎样正确服用口服药

在自己或协助雇主家庭人员口服用药时，家政从业人员应注意以下事项：

（1）不要用除白开水以外的其他水送药。口服用药应用白开水送药。不提倡用茶水、果汁等其他水送药。因为茶水中含有咖啡因、茶碱等物质，属于偏碱性的水溶液，这样用来送药，会与某些药物发生化学反应，影响药效的发挥。

（2）对于缓释制剂不要分解药剂后再服用。专家介绍，一些片剂的药或胶

囊都属于缓释药剂，在服用时把胶囊打开或把药片研碎都是不正确的服药方法。否则会破坏药品原有的药效，容易使服药当时吸收的浓度过高，而且也达不到平稳地释放药效的作用。

（3）不要强行给小孩灌药。小孩都不愿意吃药，很多家长常捏孩子鼻子，强迫孩子张开口，而把药灌进去。这样很容易发生危险。小孩的鼻子被捏住，只能靠嘴巴呼吸，这时的溶液易呛进气管和支气管，轻则引起剧烈咳嗽，重则可能发生吸入性肺炎或药片堵塞呼吸道引起窒息，危及生命。

（4）服中药时不能随意加糖。一般来说，中药，特别是汤药都比较苦，服用时患者往往要加点糖，其实一些中药是不适宜加糖后再服用的。我们常吃的糖分为白糖和红糖。红糖为温性；白糖为凉性。所以，加糖服药应首先了解药物的性状，凉性的药物可适当加一些白糖，热性的药物可加适量的红糖，这样才不会影响药效。另外，有些中药恰恰是利用苦味达到药效的，因此就不能加糖。中药的成分比较复杂，可能会与红糖中的铁、钙等起作用而影响疗效。所以，服用中药时可否加糖，最好询问医生，不要擅自做主。

107 服药后为什么不宜立即睡觉

因为吃药时喝得水少，吃完药马上睡觉，往往会使药物黏在食道上来不及进入胃中。而有些药物的腐蚀性较强，在食道溶解后，会腐蚀食道黏膜，导致食道的溃疡，情况较轻微的只是吞咽时感到疼痛，严重者可能伤及血管而引起出血。

108 非处方药是安全保险药品吗

非处方药具有下列特性：具有较高的安全性、不会引起药物依赖性、耐药性或耐受性，也不会在体内蓄积，不良反应发生率低。

非处方药虽说安全性较高，但只是相对于处方药而言，非处方药也是药品，同样具有药品的各种属性，因此非处方药并非绝对“保险”。同时，由于非处方药在使用时大多靠患者自己的判断，没有特定的医嘱，所以，家政从业人员在自己用药或协助家庭人员服药时要多加小心。

109 怎样协助老年人使用非处方药

家政从业人员在协助老年人使用非处方药时要注意以下问题：

（1）首先要明确用药目的，即“有的放矢”。既要知道其病情，又要了解所用药物的作用，如经常出现腰酸背痛，头疼脑热等症状，经医院检查，未发现器质性疾病，此时可使用一些解热镇痛药。如果有器质性病变，则应去医院就医，不能任意使用镇痛药。

（2）严格按剂量要求，并按时用药。老年人用药时，因治疗心切，往往自行加量，这是非常危险的。有时漏服一次药后，下次服药时自行服用双倍剂量，结果很容易引发不良后果。

（3）掌握好用药技巧。内服药片或胶囊时，至少应用半杯温开水（约250ml）送服，水量过少药片易滞留在食道壁上，既刺激食道，又会延误疗效。服药的姿势以站立最佳，如情况许可，亦应坐直身体，吞下药片后约1分钟再躺下。此外，有的药片不宜嚼碎或压碎，有的药片则需要嚼碎或打碎后服用，都必须按说明书使用，对一些控释片、缓释片及肠溶片等均不应压碎后服用。

（4）注意药物不良反应。即使是非处方药也不例外，只不过比处方药安全性高一些。首先要知道老年人药物过敏史：尤其是在使用同类药物时更应谨慎，并留心观察其用药后的变化，如皮疹、瘙痒、红斑、头晕、无力等，一旦出现严重反应，应立即停药就医。

（5）注意保存方法。一般中、西药的非处方药多是口服制剂，少数是外用或五官科用药，因此应按说明书的要求存放。一般应放在阴凉处，糖浆、滴眼剂应放在冰箱（4℃左右），但勿放在冷冻层，以免药物变质。

110 怎样保证病人安全

家政从业人员在从事家政护理的时候，为了保证病人的安全，要尽力预防和消除一切不安全的因素，尽量消除病人的不安定心理。

（1）要消除一切可能对病人心理与情绪产生刺激的因素。愉快的情绪对病人的身体也会产生正面的影响，使病人的病情得到稳定甚至好转。相反的，如果病人受到心理或情绪上的刺激的时候，病情很容易恶化。所以在陪护与护理病人的时候，家政从业人员要时刻注意自己的言行举止，包括自己的表情、态度等，诚恳的态度、温柔的言语、体贴的行为能对病人产生良好的治疗效果。

（2）要注意病人周围的环境，保持四周的安全。病人的周围，应该保持安全，即不要将容易伤害到病人的物品放在病人周围，以免对病人的身体造成损伤。病人周围容易使其受到损伤的物品：第一类是会导致物理性损伤的物品，比如睡床没有床档，神志不清躁动不安的患者，年老衰弱及偏瘫和小孩易发生坠床意外。第二类是开水瓶之类容易导致烫伤的物品。另外易燃物品、电器用品以及热水袋等物品如果管理或使用不当也会给病人带来安全隐患。

111 怎样选购食物

家政从业人员在选购食物时，要注意以下事项：

（1）不要购买那些照看不当的食物。例如挂在店铺外的烧味卤味和没有盖好的熟食等。

（2）不要到无照摊档和熟食小贩那里购买熟食或生冷食物。因为他们烹调食物的环境和方法大多不符合卫生要求。

（3）生吃的食物如刺身和生蚝，应在卫生达标和信誉良好的店铺购买，以确保品质优良。

（4）在选购蔬菜水果方面，别太在意蔬果的外表，因为过分完美的外表往往是大量喷洒农药的结果。

（5）要注意索取食品相关购物凭证。一旦发现有食品质量问题，及时拨打12315电话，向工商部门或消费者协会投诉举报。

112 怎样预防家庭厨房中的食物中毒

家政从业人员要预防家庭厨房中的食物中毒，要注意以下几点：

（1）要清洗干净。食品在加工前或生吃前必须首先清洗干净。清洗的主要目的是去除食品表面灰尘、寄生虫，更重要的是将食品表面上的农药残留清洗干净，以避免农药中毒。清洗蔬果最好的方法就是先用水浸泡，再用流水仔细清洗。

（2）要彻底煮熟食品。许多食品常被病菌原体污染，彻底加热能杀灭各种病原体。因此将食物充分煮熟，是保障饮食卫生的最好方式。冷冻的食品烹调前必须彻底解冻。

（3）要立即食用做熟的食品。做熟的食品冷却至室温时，微生物开始繁殖，时间越长危险性越大，为了安全起见，要趁热进食。

（4）要精心储存熟食。提前制作的熟食或保留吃剩的食品，如果需要存放 4 小时以上时，必须要把这些食品放在 60 摄氏度以上或 10 摄氏度以下的地方，以免微生物在适宜的温度下孳生，并迅速繁殖到致病水平。

（5）熟食也要彻底再加热。适当的熟食储存方法仅能减慢生物生长，但不足以杀灭细菌。食用熟食前再次彻底加热是预防食物中毒的最好办法。

（6）生熟要分开。无论是加工还是存储，都要随时避免生、熟食物接触。要使用两套不同的刀具、砧板分别处理生食和熟食，以避免交互污染。

（7）反复洗手。手常常能携带危险的病原体并带到食品上。因此，在做饭前或每次间歇之后都必须将手洗干净，尤其是给孩子换尿布或上厕所以后。在处理鱼、肉、家禽等生食后，必须再次洗手，才能处理其他食品。

（8）必须精心保持厨房所有器具的清洁。任何食品的残渣、碎屑都可能是微生物的孳生地。因此，制作食品的任何用具与食具的表面都必须保持绝对干净。接触厨房食具、用具的抹布应该每天清洗，并定期煮沸消毒。清洁地面的拖把也应经常清洗。

（9）避免蟑螂、鼠类及其他动物接触食物。各种昆虫、动物常常携带食源性疾病的微生物。最好的保护方法是将食品贮藏于密闭容器中。

113 怎样存储食物

家政从业人员在储存食物时应注意以下三点：

（1）准备好的食物应即时进食。细菌繁殖和产生毒素的主要因素是温度和时间，在适宜的温度和足够时间条件下，细菌会大量繁殖或产生毒素。因此，降低温度和缩短贮存时间是预防细菌性食物中毒的一项重要措施。

（2）剩余的食物最好弃置，如要保留，应在摄氏 4 度或以下保藏。目前家庭保存食品的方式是利用冰箱，但要注意不要把冰箱当作一个储藏室，冰箱内不可以塞太多的东西，否则冰箱内冷空气无法正常循环，会降低冰箱温度下降的效果，造成冷藏食品的腐败。

（3）冰冻的肉类和禽类在烹调前应彻底化冻，再充分均匀加热煮透方可食用。已化冻的肉禽及鱼类不宜再次保存，鱼、肉等罐头食品保存期不得超过一年。

114 引发食物中毒的常见原因有哪些

食物中毒首先应有中毒的食物，并且该食物中带有足够剂量的致病因子，具备了这两条，即可引起食物中毒。家政从业人员应了解引起食物中毒常见的十大因素：

（1）不适当地冷藏食物。冷藏温度不够低。

（2）在室温下贮藏食物的时间过长。室温下食物容易腐败变质。

（3）过早地准备食物。使细菌有足够的繁殖时间。

（4）不适当地冷却食物。冷却时间过长。

（5）不适当地加热食物。加热不彻底或长时间低温加热。

（6）内务管理不善。偶然的污染事故。

（7）交叉污染。个人卫生习惯不良。

（8）不适当地解冻食物。在室温条件下解冻。

（9）食品加工或制作人员有感染并且有不良卫生习惯。

（10）已加工的食物被污染。

115 怎样注意饮食卫生

家政从业人员在日常饮食卫生方面应注意：

（1）烹饪原材料要洗净。

（2）炊具、饮食器具应洗净并且要经常消毒。

（3）食物保存时间不要太长，不食过期、腐败变质、霉变、生虫、无生产日期、无厂名厂址、标签不清、混有异物或者其他异常的食物。

（4）不食死因不明的禽、畜、兽、水产动物及其制品。

（5）不食未经检验或检验不合格的肉类及其制品。

（6）不食被污染、可能对人体健康有害的食物。

（7）不食微生物含量超过国家限定标准的食物。

（8）不饮用来源不清楚的饮品，不食用来源不清楚的食品。

（9）饭前便后要洗手。

（10）煮熟后放置2小时以上的食品，要重新加热到70℃以上再食用。

（11）瓜果洗净并去除外皮后才食用。

（12）不购食无餐饮服务许可证和营业执照的小店或路边摊点上的食品。

（13）不吃明知添加了防腐剂或色素而又不能肯定其添加量是否符合食品卫生安全标准的食品。

116 为什么剩菜应彻底加热后才能食用

各种剩菜应尽早放入冰箱冷藏，再食用时应彻底加热，这是消除微生物的最好办法，剩菜在贮存时微生物也许已经生长繁殖，因为适宜的贮存仅能减慢微生物的生长，并不能杀灭它们，所以剩菜应尽量当餐食用。彻底加热是指食品所有部位的温度至少达到70℃以上。通常情况下，这样可保证食品卫生质量。

新鲜蔬菜最好不隔夜、隔餐食用。各种叶菜尤其如此，如白菜中含有大量的硝酸盐，吃剩的白菜经过一夜后，由于细菌的作用，无害的硝酸盐会转化为亚硝酸盐。亚硝酸盐可使人体血液中的低铁血红蛋白氧化成高铁血红蛋白，引起头痛、头晕、恶心、呕吐、心慌等中毒症状，亚硝酸盐还是一种致癌物质。

117 怎样直观辨别真假人民币

直观辨别人民币真伪的方法，可归纳为“一看、二摸、三听、四测”，家政从业人员应注意掌握：

（1）一看。一是看水印，把人民币迎光照看，10元以上人民币可在水印窗处看到头像或花卉水印，5 元纸币是满版古币水印。二是看安全线，第四套人民币 1990 版 50 元、100 元钞票在币面右侧有一条清晰的直线。假币的“安全线”或是用浅色油墨印成，模糊不清，或是手工夹入一条银色塑料线，容易在币纸边缘发现未经剪齐的银白色线头。第五套人民币的安全线上有微缩文字，假币仿造的文字不清晰，线条容易抽出。三是看钞面图案色彩是否鲜明，线条是否清晰，对接线是否对接完好，无留白或空隙。

（2）二摸。由于 5 元以上面额人民币采取凹版印刷，线条形成凸出纸面的油墨道，特别是在盲文点、“中国人民银行”字样、第五套人民币人像部位等。用手指抚摸这些地方，有较鲜明的凹凸感，较新钞票用手指划过，有明显阻力。目前收缴到的假币是用胶版印刷的，特点是平滑、无凹凸感。

（3）三听。人民币纸张是特制纸，结实挺括，较新钞票用手指弹动会发出清脆的响声。假币纸张发软，偏薄，声音发闷，不耐揉折。

（4）四测。用简单仪器进行荧光检测，一是检测纸张有无荧光反映，人民币纸张未经荧光漂白，在荧光灯下无荧光反映，纸张发暗。假币纸张多经过漂白，在荧光灯下有明显荧光反映，纸张发白发亮。二是人民币上的荧光文字呈淡黄色，假人民币的荧光文字色泽不正，呈惨白色。

118 怎样识别假鸡蛋

家政从业人员在识别假鸡蛋时可采取以下方法：

（1）假鸡蛋蛋壳的颜色比真鸡蛋的外壳亮一些，但不太明显。

（2）用手触摸假鸡蛋蛋壳，会觉得比真鸡蛋粗糙一些。

（3）在晃动假鸡蛋时会有声响，这是因为水分从凝固剂中溢出的缘故。

（4）用鼻子细细地闻，真鸡蛋会有隐隐的腥味。

（5）轻轻敲击，真鸡蛋发出的声音较脆，假鸡蛋声音较闷。

（6）假鸡蛋打开后不久，蛋黄和蛋清就会融到一起。这是因为蛋黄与蛋清是同质原料制成所致。

（7）在煎假蛋时，会发觉蛋黄在没有搅动下自然散开。这是因为包着人造蛋黄的薄膜受热裂开的缘故。

（8）生的真蛋打开能看到蛋壳膜上有裂缝状纹路，这种纹路在煮鸡蛋煮熟后消失，假蛋做不出来。

（9）真蛋煮熟后蛋黄打开呈粉状，假蛋蛋黄呈胶状。

（10）真蛋凝结温度在45摄氏度左右。

（11）蒸蛋时假蛋凝固不了，真蛋能凝固。

119 怎样识别注水肉

家政从业人员在识别注水肉时可采取以下方法：

（1）眼看。正常肉的颜色是嫩红色，有光泽，注水肉颜色相对比较浅，没有光泽。如果可能的话，把肉切开观察切面，没有汁液渗出的是正常肉，有汁液渗出的是注水肉。

（2）手摸。用手指紧贴肉的切面，正常肉摸起来有一定的黏性，弹性好，按压以后很快能恢复原状；注水肉没有黏性，弹性差，按压以后很难恢复原状。

（3）纸巾试。这是最简单有效的鉴别方法。把纸巾贴在肉的切面上，稍微按压一会儿取下来。如果是正常肉，纸上沾的是油，点燃能够充分燃烧。如果是注水肉，纸上会有水，就不容易燃烧或者燃烧不充分。

120 怎样识别泡水蔬菜

有的菜贩是将蔬菜浸泡在水里来增加蔬菜的重量，严重地威胁吃菜人的健康。泡水蔬菜表面上看很肥壮，很新鲜。识别这种泡水蔬菜的方法是：将蔬菜杆末端折断，若断面有水分渗出，就是泡水蔬菜。另外，对于过分肥大、过分青翠碧绿的蔬菜，也要警惕菜贩在其中做了手脚，以不买为宜。

121 怎样识别化肥豆芽

化肥豆芽是用化肥催熟的，对人体健康有害。识别的方法是：豆粒发蓝色，

根短或无根。如将一根豆芽折断，仔细观察，断面会有水分冒出，有的还残留有化肥的气味。

122 怎样鉴别地沟油

家政从业人员在辨别地沟油时可采取以下方法：

（1）一看。看透明度，看色泽。颜色发暗，比较混浊，且有沉淀物，低温易凝固的可能是地沟油。检测窍门一是在冰棍上倒上一点油，油很快凝固并附着在冰棍上，则很可能是地沟油做成的。窍门二是玻璃上倒上一点油，如果油流的很慢，则可能有问题。

（2）二闻。每种油都有各自独特的气味。可以在手掌上滴一两滴油，双手合拢摩擦，发热时仔细闻其气味。有臭味的，呈淡淡哈喇味的很可能就是地沟油。

（3）三尝。用筷子取一滴油，仔细品尝其味道。有异味的油可能是地沟油，含地沟油的油炒菜不香，残油渣呈黑炭状。

（4）四听。取油层底部的油一两滴，涂在易燃的纸片上，点燃并听其响声。燃烧不正常且发出“吱吱”声音的，水分超标，是不合格产品；燃烧时发出“噼叭”爆炸声，表明油的含水量严重超标，而且有可能掺假产品，绝对不能购买。

（5）五问。问商家的进货渠道。必要时索要进货发票或查看当地食品卫生监督部门的抽样检查报告。

123 哪些衣物不能用洗衣机洗

家政从业人员洗衣时，千万不要把所有的衣物丢到洗衣机里去洗，因为有些衣物是不能用洗衣机洗的否则将得不偿失。

（1）丝绸衣物。丝绸衣物质地柔软、耐磨性差。在高速运转的洗衣桶内洗涤极易起毛，甚至会在表面结成很多绒球，干后再穿很不雅观。丝绸衣物脏了，可放在冷水洗涤剂中，用手反复揉搓几次就可以了。

（2）毛料衣服。毛料衣服宜干洗，不宜在洗衣桶中水洗。这是因为毛料衣服不少部位用针扦缝，衬布多是棉麻类织物，在洗衣桶中旋转翻滚会因吸水后收缩率不均而变形，影响美观，牢度下降。

（3）嵌丝衣料服装。嵌丝衣料服装怕拧绞，不可用洗衣机洗涤甩干，也不能用力揉搓，只宜放在35℃左右的中性肥皂水或合成洗涤剂中浸泡，泡透后用手翻动几次，待用清水漂洗后，挂在衣架上，让其自然滴水晾干即可。

（4）沾有汽油的工作服。这类衣物万万不可在洗衣机内洗。因为汽油易燃、易爆，不但油污扩散后污染、腐蚀洗衣机，还有可能因为运转中的洗衣机出现打火现象而引起火灾、爆炸。

124 怎样做好日常记账工作

不管雇主有没有要求，家政从业人员都要记好账。所谓记账，就是每次采购后，都要把购买的生活用品、烹饪原料等，按时间顺序逐笔记录下来。如果有发票或其他单据，要附在账页后面，以备查对。

日常开支记账一般采用“现金日记账”的格式，基本内容应包括：日期、收入、采购物品名称、单价、数量、支出、结余等，做到准确无误，账实相符。

每到周末，要主动把账单交给雇主查看，对一周的账目做个小结，同时为下周的开支做好准备。

125 怎样预防下水道堵塞

家政从业人员应从以下几个方面预防下水道堵塞：

（1）家政从业人员使用水池洗菜洗碗时，不要将剩饭菜倒入池内，不注意就会造成下水道堵塞。

（2）因为缺乏生活常识的原因，有个别家政从业人员常把用后的卫生纸、卫生巾扔入马桶内，造成马桶堵塞。

（3）如果下水管道发生堵塞，可用水揣子（俗称皮老虎）放置在下水道的口上，上下用力挤压直至疏通。堵塞严重可请专业的管道疏通公司帮助。

第 五 章

家庭安全篇

家政从业人员在雇主家工作，有保护雇主家庭安全的责任。独自在家时要做好安全防范，正确掌握家庭防盗、防火、突发事故的应急救险知识和技能，以便对突发事件能迅速处理，尽可能地减少事故带来的损失，在保护雇主及家庭成员的同时，也保护自己。

126 家庭盗窃有哪些特点

家庭盗窃主要有以下特点：

（1）入室盗窃罪犯总是把那些容易作案，可以获得较大利益的家庭作为首选目标，他们通常以家庭的装潢程度作为标准。

（2）入室盗窃犯常选择底楼和顶层作为作案对象。

（3）入室盗窃犯时间观念较强，以盗窃犯作案时间和规律可将家庭盗窃分为三类：白天入室盗窃、夜间入室盗窃及节假日家中无人期间盗窃。

127 入室盗窃、抢劫的方式和常发时间

犯罪嫌疑人常以找人、推销商品、收购废品等为由穿梭于居民区内，趁居民不备顺手牵羊。他们会冒充查抄水表、电表、煤气表的工人，甚至会冒充雇主的朋友、熟人骗开雇主房门，进入室内进行作案。

犯罪嫌疑人对家庭居室进行盗窃，主要选择白天居民上班时间、傍晚及凌晨三四点钟。一般在上午 9 ~ 11 时，下午 14 ~ 16 时家中没人或只有老人、小孩，或者在清晨 3 ~ 4 时人最疲乏熟睡时作案。上午或傍晚作案多为撬门或撬窗作案；

凌晨三四点钟，多为攀爬入室作案。

128 家庭盗窃应怎样防范

家政从业人员防范家庭盗窃可以采取以下措施：

（1）养成出入锁门的好习惯，雇主离家，应立刻锁上防盗门以防不测。如果遇到有人敲门或按门铃，不要急于去开门，应先向外观察，看清来人模样，隔着防盗门问明其身份及来访目的，判断其行迹是否可疑，在确定对方身份后才可以开门。

（2）独自一人在家时，尽量避免让自称是推销员、邮递员、抄表人员或家人朋友的陌生人进入家中；上门维修、服务等事宜尽量约定在休息日家人多时进行；陌生人借用家中电话时要婉言拒绝。

（3）如果陌生人拨打家里的电话，不要透露是否独自在家。

（4）不要和服务地周边的陌生人往来，不要乱认同乡，更不可将雇主家庭情况告知他人。

（5）发现陌生人长时间在楼道、门前逗留，要提高警惕，多加小心，必要时进行监视、盘查，发现异常情况应立即报警。

（6）及时清理门口的垃圾广告、传单，不给犯罪分子可乘之机。

（7）钥匙要随身携带，不要乱扔乱放；丢失钥匙要及时告之雇主更换门锁。

（8）若电表在室外，当遇到突然断电时，应该先留意屋外有没有危险情况或可疑人员，然后再出门查看。

（9）睡觉前要关好窗户，反锁防盗门，注意查看厨房、厕所、阳台窗户是否关好。

（10）增强自我防范意识，保护好所有私人信息，不要在公众场所夸大、炫耀财富。

129 发生入室盗窃、抢劫案应怎样处理

入室盗窃、抢劫同街头盗窃、抢劫相比具有隐蔽性，更容易造成受害人较大

的财物损失，甚至对其生命安全构成威胁。

（1）夜间发生入室盗窃，应沉着应对，切忌立即起身查看甚至开灯。可以咳嗽几声，故意大声说“谁呀”之类的话，或用手机悄悄拨打 110 报警。要冷静、机智，保证人身安全，千万不可一时冲动，激怒犯罪分子造成不必要的人身伤害。

（2）如果回家发现门锁被撬坏、打不开或者门被打开了，以及屋内有异样声响怀疑有贼仍在屋中等情况时，要提高警惕，立即报警。

（3）在家中遇到歹徒入室时，不要力搏，要设法报警；或大声呼喊，吓走歹徒；或设法让邻居知道自己的处境，向外界求助。应放弃财物，以确保人身安全。

（4）如果回家发现已被人盗窃，先不要入屋随意走动或清点财物，以免破坏现场，要迅速报警让警察来处理，并第一时间通知雇主。

（5）积极配合协助警方进行调查。

130 家庭火灾的起因有哪些

家政从业人员应该明白家庭火灾主要由以下原因引起：

（1）电器。电线老化，因线路使用伪劣产品、擅自加粗保险丝、电器具过多，长期超负荷用电，电线负荷过大而发热引起火灾。

（2）电器使用方法错误。电磁炉、电熨斗用后忘记拔插销；电熨斗放置不当引燃周边物品引起火灾；用带水的抹布擦拭电器，造成电线短路引起火灾。

（3）燃器灶具。燃气的接口、阀门、管线等部位坏损发生气体泄露，遭遇到明火引起火灾；做饭时人离开火源，锅内汤汁溢出，水烧干、灶口旁放置易燃物都可能引起火灾；风将明火吹灭，泄露的燃气遭遇明火引起火灾。

（4）不良习惯引发火灾。从炉灶中掏出带火的煤渣没有用水浇灭；未熄灭的烟蒂随意乱扔；焚烧废弃物品时留有余火；节假日燃放鞭炮、躺在床上吸烟等都可能引起火灾。

131 家庭火灾应该怎样防范

家政从业人员防范家庭火灾可以采取以下措施：

（1）安全用电。家政从业人员在使用各种电器之前，应在雇主的指导下正确使用。并认真阅读使用说明书，掌握正确的使用方法。

（2）电器出现故障，应立即切断电源，告知雇主请专业人员修理。家政从业人员不要擅自修理。

（3）要提醒吸烟的人，不要将烟蒂乱扔，不要躺在床上吸烟。要教育儿童不要玩火。

（4）家中有炉火时，要经常检查炉火周边是否有易燃物品。

（5）燃放爆竹要注意防火。

（6）家中应配备消防器材，并掌握使用方法。

（7）公共通道平时不要堆放杂物，否则既容易引发火灾，也会妨碍发生火灾时逃生及救援。

132 停电后怎样避免火灾发生

停电后家政从业人员可采取以下措施避免火灾的发生：

（1）要尽可能用应急照明灯照明。

（2）要及时切断处于使用状态的电器电源，即关闭电源开关或拔掉插头。

（3）要使用有玻璃罩的油灯并放置在安全位置。

（4）点燃的蜡烛不要靠近蚊帐、门帘及其他可燃物；使用蜡烛时，要放置在不易碰到的地方，要有人看管，做到人离开或睡觉时将蜡烛熄灭；蜡烛应放在烛台上或固定在不燃烧体的物品如瓷盘上，不得放置在电视机壳、木质家具等可燃物上；不要拿蜡烛在床底下、柜橱内及其他狭小地方找东西。

（5）严禁用汽油代替煤油或柴油做燃料使用。

133 家中不慎起火或发生火灾时怎么办

一旦发现家中起火，家政从业人员不要慌张，应根据火情及时采取相应措施。

（1）如果炒菜时油锅起火，迅速将锅盖紧紧盖上，这样就能将火与空气隔绝，使锅里的油火因缺氧而熄灭。切忌用水扑救。

（2）液化石油气因漏气起火时，首先应迅速切断气源，同时用灭火器或灭火粉将火扑灭。

（3）家用电器着火，要立即拔下插头，或拉闸断电，然后用毛毯或棉被捂盖。切记在电源切断前不要用水扑救，因为水能导电，容易造成触电事故。

（4）房间内起火时，不能轻易打开门窗，若将门窗打开，由于空气对流作用，火势会迅速发展，形成大面积火灾。

（5）纸张、木头或布起火时，可用水来扑救，而电器、汽油、酒精、食用油着火时绝不要用水扑救，可用干粉灭火器、食盐、土、沙泥等。

（6）若火势逐渐扩大，必须立即拨打“119”火警电话报警。若家政从业人员单独在家，还应及时打电话向雇主家人报告。

（7）被火围困时，应视不同情况，采取不同方法脱离险境。撤离时，如果有条件，应切断室内电源、气源。

134 怎样正确使用灭火器

家政从业人员在使用灭火器灭火时应采取正确的方法：

（1）手提式干粉灭火器适宜扑灭油类、可燃气体、电器设备等初起火灾。使用时，先打开保险销，一手握住喷管，对准火源，另一手拉动拉环，即可灭火。

（2）手提式泡沫灭火器适宜扑灭油类及一般物质的初起火灾。使用时，用手握住灭火机提环，平稳、快捷地提往火场，不要横扛、横拿。灭火时，一手握住提环，另一手握住筒身的底边，将灭火器颠倒过来，喷嘴对准火源，用力摇晃几下，即可灭火。

（3）手提式二氧化碳灭火器适宜扑灭精密仪器、电子设备以及600伏以下的电器初起火灾。使用时，一手握住喷筒把手，另一手撕掉铅封，将手轮按逆时针方向旋转，打开开关，二氧化碳气体即会喷出。

（4）喷射时稍弯腰部，采取尽可能低的姿势，以便避开热气和烟气。

（5）由上风向下风喷射。

（6）不要为烟气和火焰所迷惑，要将喷头对准燃烧物，左右扫动灭火。

135 发生家庭火灾应如何逃生

发生家庭火灾时，家政从业人员应针对不同火情，寻求逃生良策。

（1）逃生开门前应先触摸门锁，若门锁温度很高，说明大火或烟雾已封锁房门出口，此时切不可打开房门，应关闭房内所有门窗，用毛巾、被子等堵塞门缝，并泼水降温。同时利用手机等通讯工具向外报警。若大火离自己尚有一段距离，此时可开门观察外面通道的情况，在确信大火并未对自己构成威胁的情况下，尽快逃离火场。

（2）住高层楼房应通过楼梯或消防通道迅速撤离。火灾易造成电梯断电而使电梯“卡壳”，人在电梯里随时会被浓烟毒气熏呛而窒息，应迅速从楼梯逃生；住平房和楼房低层可通过门、窗撤离火场。如大火已将楼梯封闭，可用绳索、床单、窗帘等结绳从窗户逃生。

（3）遇有浓烟用湿毛巾捂鼻，弯腰低头迅速撤离。通过浓烟区时，要尽可能以最低姿势或匍匐姿势快速前进，并用湿毛巾捂住口鼻，背向烟火方向迅速离开，减少有毒气体吸入。不要向狭窄的角落退避。

（4）若所有逃生路线被大火封锁，且无法与外界电话联系时，要立即返回室内，用打手电筒、挥舞衣物、呼叫等方式向窗外发出求救信号等待救援，不要轻易跳楼逃生，除非火灾已经危及生命。

（5）逃生时不要留恋室内财物，如已脱离室内火场，千万不要为财物而返回室内。

136 厨房中应注意哪些消防安全

家政从业人员在厨房中应注意以下消防安全：

（1）烹饪时宜着短袖或合宜的长袖，避免烟火延烧衣物。

（2）烹煮食物时，勿任意离开，离开前须将火关闭。

（3）不要让小孩进入厨房玩耍。

137 怎样安全使用蚊香

家政从业人员在使用蚊香时应注意以下几点：

（1）点蚊香时，一定要把蚊香固定在专用的铁架上，切忌把点燃的蚊香放在可燃物上。

（2）点燃的蚊香要放在远离窗帘、蚊帐、衣服等可燃物的地面上。如果将点燃的蚊香放在窗台等较高的物体上，若被大风吹动，蚊香可能会跌落，如果落到可燃物上就会起火。

（3）使用电蚊香时，也要放在远离纸、木器等易燃物的地面上。不用时，应拔去插头。

（4）在睡觉前要对点燃的蚊香进行一次检查，看周围有无可燃物，待安全可靠了再去睡觉，以确保安全。

138 冬季用炉火取暖怎样防火

家政从业人员使用炉火取暖时应注意：

（1）火炉的烟囱要远离电线、可燃顶棚、木墙壁和木门窗等易燃、可燃物体。

（2）炉体周围应该有不燃材质的炉档；炉火周围不要放废纸、刨花等易燃物。

（3）清除炉灰、清倒炉渣时不要往可燃物品里乱倒，最好有个固定的安全地方，在刮风天倒炉灰时更应该注意加强防火。

（4）在烘烤衣物、被褥时，要留心看管烘烤物品，防止烘烤时间过长引起火灾。

（5）在生火时千万不要用汽油、柴油、酒精等，以免引发火灾。

139 家中突发病人应怎样处理

家政从业人员遇到家中突发病人时，应采取以下措施：

（1）应在第一时间迅速拨打120急救电话，请求救援。

（2）如能确认病人是心脏病或是高血压病发病，可迅速帮助病人服下硝酸甘油、速效救心丸，降压灵等急救药品。

（3）如遇病人突然昏厥倒地，情况不明时不要生拉硬拽、随意搬动患者，可将病人平躺放置，盖上衣被保暖，等待急救医生处置。

140 家中有人触电应怎样处理

家中有人触电时，家政从业人员应采取以下措施：

（1）一旦发现有人触电，应立即拉下电源开关或拔掉电源插头，若无法及时找到电源开关或断开电源时，可用干燥的竹竿、木棒、皮带、橡胶制品等绝缘物挑开电线，使触电者迅速脱离电源。一定不要用潮湿的工具或金属物质拨电线，切勿用手触及带电者，切勿用潮湿的物件搬动触电者。

（2）立即就地抢救。将脱离电源的触电者迅速移至通风干燥处仰卧，将其上衣和裤带放松，解开妨碍触电者呼吸的紧身衣服，检查触电者口腔，清理口腔黏液，如有假牙，则应取下，如有电烧伤的伤口，应及时包扎。

（3）观察触电者有无呼吸，摸一摸颈动脉有无搏动。若触电者呼吸及心跳均停止时，应在做人工呼吸的同时实施心肺复苏抢救，并及时拨打120电话呼叫救护车送医院，途中绝对不能停止施救。

141 怎样判断煤气外泄

家政从业人员怀疑家中煤气有漏气时，不可用火柴或打火机点火测试，可以通过以下方法判断：

（1）嗅觉。家用煤气中掺有臭味剂，漏出时会闻到特殊的臭气味道。

（2）视觉。煤气外泄，会造成空气中形成雾状白烟。

（3）听觉。会有“嘶嘶”的声音。

（4）触觉。手接近外泄的漏洞，会有凉凉的感觉。

（5）检测。用肥皂水检查有无泄漏。

142 煤气中毒有哪些症状

煤气中毒时，最初感觉为头痛、头昏、恶心、呕吐、软弱无力，当意识到中毒时，患者常挣扎着去开门、开窗，但一般仅有少数人能打开门，大部分患者会迅速发生抽搐、昏迷，两颊、前胸皮肤及口唇呈樱桃红色，如救治不及时，可很快会因呼吸抑制而死亡。煤气中毒依其吸入空气中所含一氧化碳的浓度及中毒时间的长短，分为 3 型：

（1）轻型。中毒时间短，血液中碳氧血红蛋白为 10% ~20%。表现为中毒的早期症状，头痛眩晕、心悸、恶心、呕吐、四肢无力，甚至出现短暂的昏厥，一般神志尚清醒。脱离中毒环境，吸入新鲜空气后，症状会迅速消失，一般不留后遗症。

（2）中型。中毒时间稍长，血液中碳氧血红蛋白占 30% ~40%，在轻型症状的基础上，可出现虚脱或昏迷。皮肤和黏膜呈现煤气中毒特有的樱桃红色。如抢救及时，可迅速清醒，数天内完全恢复，一般无后遗症状。

（3）重型。发现时间过晚，吸入煤气过多，或在短时间内吸入高浓度的一氧化碳，血液碳氧血红蛋白浓度常在 50% 以上，病人呈现深度昏迷，各种反射消失，大小便失禁，四肢厥冷，血压下降，呼吸急促，救治不及时会很快死亡。一般昏迷时间越长，愈后越严重，常留有痴呆、记忆力和理解力减退、肢体瘫痪等后遗症。

143 煤气中毒应怎样处理

冬天用煤炉取暖或使用燃气热水器长时间洗澡，若通风不畅容易使人中毒。煤气中毒即一氧化碳中毒。一氧化碳是无色、无味、没有刺激性的气体，不易被发觉。家政从业人员发现家中有人煤气中毒时，应及时采取以下措施：

（1）发生煤气中毒后，应尽快将中毒者从中毒地点转移至空气流通的地方，使其吸入新鲜空气。然后立即打开门窗将煤气排出室内。

（2）轻微中毒者会感到头痛头晕、心悸、恶心、四肢无力。在呼吸到新鲜空气后中毒症状会缓解，逐步恢复正常。

（3）如果是进入浅昏迷的中度中毒，应解除其有碍呼吸的障碍，松开领口、胸衣、解下裤带，清除口内异物让其呼吸通畅。同时拨打 120 急救电话，或立即送往医院抢救。

（4）对于重度中毒者，应采取保温措施，不要使中毒者感到寒冷。中毒者失去知觉时，应将中毒者放在平坦地方，用纱布擦拭口腔，在必要时进行人工呼吸和胸外心脏按压。人工呼吸应持续，不得中途停止，直至送入医院为止。

（5）注意防止呕吐，如果中毒者达到丧失知觉的程度，往往会出现呕吐。如吐出的东西被吸入肺内容易引起肺炎，要尽可能清除病人口中的呕吐物及痰液。有活动假牙的要取出，将病人头偏向一侧，以便充分呕吐，以免呕吐物阻塞呼吸道引起窒息和吸入性肺炎。

144 怎样做好可燃气体泄漏后的应急措施

家政从业人员发现可燃气体泄漏后，应采取以下应急措施：

（1）当闻到家中有轻微可燃气异味时，要进行仔细辨别和排除，如果确定是自己家有轻微泄漏的话，首先要立即开窗开门，形成通风对流，降低泄漏出的可燃气浓度，并关闭各截门和阀门。

（2）在开窗通风的同时，要保持泄漏区域内电器设备的原有状态，避免开关电器，以防引起爆炸，如开灯（不论是拉线式还是按钮式）、开排风扇、开抽油烟机和打电话（不论是座机还是手机）等，以免产生电火花和电弧，引燃和引爆可燃气体。

（3）如果检查发现不是因燃器用具的开关未关闭或软管破损等明显原因造成的可燃气体泄漏，就要立即通知物业部门进行检修。

（4）如果是刚回家就闻到非常浓的可燃气异味，要迅速大声喊叫，用最快方式通知周围邻居“有可燃气体泄漏了”，好让大家注意熄灭明火，避免开关电器。同时，要离开泄漏区，在可燃气浓度较低的地方迅速打电话给 119，并说明是哪种可燃气泄漏。

145 怎样正确处理烧伤、烫伤

烫伤事故常见于日常生活中，如能及时采取救助手段，可有效减缓伤害程度。家政从业人员自己被烫伤或发现家中有人受伤时，应及时采取以下措施：

（1）发生烫伤、烧伤时，应沉着冷静，若周围无其他人员时，应立即自救。首先把烧着或被沸液浸渍的衣服迅速脱下，若一时难以脱下时，应就地到水龙头下或水池（塘）边，用水浇或跳入水中，周围无水源时，应用手边的材料灭火，防止火势扩散。自救时切忌乱跑，也不要用手扑打火焰，以免引起面部、呼吸道和双手烧伤。

（2）烧、烫伤后，要在第一时间用清水冲洗伤口 10 分钟以上，以降低温度，减轻疼痛与肿胀。如果局部烧、烫伤伤口处较脏或被污染时，可用肥皂水冲洗，但不可用力擦洗；如果眼睛被烧伤，应将面部浸入冷水中，并做睁眼、闭眼活动；如果是身体躯干烧伤，无法用冷水浸泡时，可用冷湿毛巾敷患处。

（3）对只有轻微红肿且无伤口的轻度烫伤，可以用冷水反复冲洗，再涂些烫伤药膏或牙膏、清凉油。

（4）烧、烫伤部位已经起小水疱的，不要弄破它，可以在水疱周围涂擦酒精，用干净的纱布包扎。

（5）烫伤面积较大的，应尽快脱去衣裤、鞋袜，但不能强行撕脱，必要时应将衣物剪开；烫伤后，要特别注意烫伤部位的清洁，不能随意涂擦外用药品或代用品，防止受到感染，给医院的治疗增加困难。正确的方法是脱去衣物后，用洁净的毛巾或床单进行包裹。

（6）烫伤比较严重的，应当及时送医院进行诊治。

146 遭遇电梯故障应怎样处理

电梯是高层建筑中重要的运载工具，一旦出现故障，可能发生乘客被困、坠落等危险事故。家政从业人员在外出乘坐电梯发生故障时，应采取以下应急措施：

（1）电梯速度不正常时，应两腿微微弯曲，上身向前倾斜，以应对可能受到的冲击。

（2）电梯突然停运时，不要轻易扒门爬出，以防电梯突然开动。

（3）被困电梯内时，应保持镇静，立即用电梯内警铃、对讲机或电话与有关人员联系，等待外部救援。如果报警无效，可以大声呼叫或间歇性地拍打电梯门。

（4）如电梯运行途中发生火灾，应使电梯在就近楼层停靠，并迅速从楼梯逃生。

（5）发生地震、火灾、电梯进水等紧急情况时，严禁使用电梯，应改用应急通道或楼梯。

147 家中有急救病人应注意哪些事项

家中有需急救的病人时，家政从业人员应注意以下几点：

（1）忌惊惶失措。假如有人触电，切忌鲁莽施救。应首先断电，用木棍等绝缘体把电源挑开后再搬动触电者。电器起火后首先要切断电源，切忌用水泼带电的电器。

（2）忌一律平卧。不要以为所有患病者都必须平躺，例如心脏功能衰竭的患者就适合于坐位，平躺反而会加重病情。肚子痛的患者有时侧卧屈膝可以减轻疼痛，不可勉强平卧。

（3）忌胡乱用药。在遇到家人发病时应该给予适当的药物治疗，如心绞痛发作时用硝酸甘油，这对缓解病情、争取抢救时间非常重要。但一定要了解药物的适应证、用量及用法，切忌自作主张，随便服用。

(4) 忌一概喝水。很多人在遇到患病的人时习惯于给病人灌水，有时这样做是错误的。给昏迷患者灌水可能堵塞呼吸道引起窒息，胃肠道外伤及肠梗阻的患者喝水可加重病情。

(5) 忌随意搬动。特别是对于有外伤的患者，一定不能随意搬动，更不能一个人勉强拖动患者，否则可能加重损伤（如脊髓损伤等）。

(6) 忌忽视小伤口。表面的小伤口一般都能自行愈合，但如果遇到锈铁钉等刺伤时，尽管伤口很小，也要高度重视。受伤后除尽快清洗、消毒伤口外，还应该到医院注射破伤风抗毒素，以避免破伤风杆菌感染。

(7) 忌舍近求远。抢救伤病员必须争分夺秒，所以应该把患者送到最近的医院救治。先抢救生命，然后再根据需要转送到大医院进一步救治。切勿为了把患者送到某著名医院而不顾路途遥远。

148 受了外伤怎样处理

家政从业人员发现家中有人受外伤时，比较严重的，需要送医院诊治；比较轻微的，可以按照下述方法来处理：

(1) 有外伤伤口的，需要清洗伤口并擦涂消毒、消炎的外用药，如消炎粉、红药水、创可贴等。此外还要注意：保持伤口局部的温暖干燥；可多吃鸡蛋、瘦肉、豆类、乳类等蛋白质含量多的食品；适当服用维生素 C 或多吃些新鲜蔬菜和水果；合理换药，保持清洁。这样做有利于伤口的痊愈。

(2) 肌肉、关节、韧带等扭伤的，不能立即按摩或热敷，以免加重皮下出血，加剧肿胀。应当立即停止活动，使受伤部位充分休息，并且冷敷或用冷水浸泡。待 24 小时至 48 小时以后，皮下出血停止再改用热敷，以促进消散淤血，消除肿胀。

149 被狗咬伤怎样处理

现在城市里的很多家庭都喜欢养宠物，如小狗，小猫，经常会发生被宠物咬伤、抓伤的情况。

被狗咬伤对人的危害较大，因为狗的牙齿生长着各种病菌和病毒，很容易通过伤口侵入人体，引发疾病，甚至造成破伤风致人死亡。如果是被疯狗咬伤，还会由狂犬病毒引发狂犬病，狂犬病致人死亡率非常高。所以，家政从业人员自己或雇主被狗咬伤时决不能轻视，必须采取紧急处理措施：

（1）一般情况下很难区别是否被疯狗咬伤，所以一旦被狗咬伤，都应按疯狗咬伤处理。

（2）被狗咬伤后，要立即处理伤口，首先在伤口上方扎止血带（可用手帕、绳索等代用），防止或减少病毒随血液流入全身。

（3）挤出污血，迅速用洁净的水或肥皂水对伤口进行流水清洗，彻底清洁伤口。冲洗伤口至少要 20 分钟；最后涂擦浓度 75% 的酒精或者 2% ~5% 的碘酊。只要未伤及大血管，切记不要包扎伤口。

（4）迅速前往医院进行诊治，在 24 小时内注射狂犬病疫苗和破伤风抗毒素。之后，第 3 天、第 7 天、第 14 天和第 28 天再各注射 1 次狂犬病疫苗。

（5）随时注意观察身体变化，如有进一步不适，应立即到医院复诊。

150 流血不止怎样处理

在平时碰伤了身体，往往会流血不止，特别是鼻子最容易出血。家政从业人员自己或雇主出现了这种情况，应该采取下列措施：

（1）四肢或手指出血，应该马上用一块干净的纱布或较宽的干净布条将伤口紧紧地包扎住，如有条件，最好洒一些药物在伤口上再包扎。

（2）如果是鼻子出血，可以把头仰起，用手指紧压住出血一侧的鼻根部，一直到不出血为止。如果有干净棉球，可以把棉球塞进鼻孔里压迫止血。另外，可以用冷水浇在后脑部，这样会使血管收缩，从而达到止血的目的。

151 家中老人发生意外时怎样处理

如果雇主家中有老人发生意外时，家政从业人员应急时采取应急措施：

（1）根据情节严重状况，及时拨打雇主电话，取得联系，确定处理和应急方案。

（2）如果危急，及时拨打120进行急救。

（3）必要时保管好家里物品，锁好家里房门，护送老人到医院救治。

152 意外伤害急救原则有哪些

遇到意外伤害时，家政从业人员应采取以下急救措施：

（1）遇到意外伤害发生时，不要惊慌失措，要保持镇静，迅速拨打110和120报警。边等待救援边展开急救。

（2）在周围环境不危及生命条件下，一般不要轻易随便搬动伤员。

（3）暂不要给伤病员喝任何饮料和进食。

（4）如发生意外，而现场无人时，应向周围大声呼救，请求来人帮助，不要留下伤病员无人照管。

（5）根据伤情对病员边分类边抢救，处理的原则是先重后轻、先急后缓、先近后远。

（6）对呼吸困难、窒息和心跳停止的伤病员，从速置头于后仰位、托起下颌、使呼吸道畅通，同时施行人工呼吸、胸外心脏按压等复苏操作，原地抢救。

153 人工呼吸（心肺复苏）急救有哪些方法

人工呼吸法是家庭急救中经常应用的一项救急措施，是在病人因各种原因所致的呼吸突然停止或极度呼吸衰竭时，利用人工方法帮助呼吸，使其恢复自然的一种方法。常用的人工呼吸法有以下3种。

（1）口对口吹气法。将病人仰卧，托起下颌，张开口，捏住病人鼻孔，头部尽量后仰，舌头不要堵塞咽喉。急救人员自己先深吸一口气，对准病人的嘴（两嘴对紧，不要漏气）用力吹气，病人胸部扩张起来后，停止吹气，并放松鼻孔，使其胸部自然缩回去。如此反复进行，每分钟16~20次，直到病人呼吸恢复为止。

（2）俯卧压背法。将病人俯卧，头偏向一侧，一侧臂向前伸直，使其头枕在另一只弯着的手臂上，腹部用枕头垫高。急救人员跪伏在病人大腿两侧，面向病人头部，两臂伸直，两手掌平放于病人下胸背部两侧，均匀地用力按压后背下部，使气体由肺脏排出。然后两手放松，身体后仰，除去压力，使胸部自然扩张，空气进入肺内。如此反复进行，每分钟 16 ~20 次。此法对触电及溺水者更为适宜。

（3）仰卧压胸法。将病人仰卧，头侧向一边，尽可能将舌头拉出，背部垫上枕头或衣被，使胸部抬高。急救人员跪于病人大腿两侧，以手掌贴于病人两侧肋弓部，拇指向内，其余四指向外，借上半身的体重用力向胸部上后方压迫，挤出胸内空气，然后松手，胸部自行弹回，使空气吸入。如此有节奏地进行，每分钟 18 ~20 次。

154 实施人工呼吸时应注意哪些事项

家政从业人员遇突发情况，实施人工呼吸时，应注意以下几点：

（1）将病人安放在空气流通的地方，松开衣服，但不要使病人受凉。

（2）用纱布或手帕清除病人口中的痰液、血块、泥土或假牙等物。

（3）口对口呼吸时，嘴与嘴间可放上手帕或几层纱布，但不要太厚，以免影响空气吸入。

（4）病人有微弱的自然呼吸时，人工呼吸应和病人的自然呼吸节律相一致，不可相反。

（5）病人呼吸恢复正常后，方可停止，如果病人呼吸再度停上，则应再次施行，不可中断，只有确定病人已经死亡，方可放弃抢救。

（6）用力要适当，以防肋骨骨折，也不要按压胃部，防止将胃内容物压出，阻滞呼吸。

（7）吹气时不要按压胸部。

155 怎样急救休克的病人

休克不是一种独立的疾病，而是因严重创伤、大量出血、脱水、过敏、心功能不全、感染等强烈致病因素引起的综合征，是以微循环血流障碍为特征的急性循环功能不全。患者表现为皮肤苍白、肢冷、烦躁不安、口渴、无力、浑身出冷汗、呼吸急促而浅、小便减少、血压下降、脉搏快而弱等症状。病人开始时，意识清醒，如不及时抢救，逐渐就可能进入意识不清的昏迷状态，甚至导致死亡。在休克的进展过程中，受害最早、最严重的器官是脑（以大脑皮层为主）、心、肝、肾、肺等，应注意保护这些重要器官。家政从业人员当发现雇主家中有休克病人时，应及时采用：

（1）发现病人出现休克时，应该立即想办法尽快将病人送至医院抢救。因为在家完全纠正病人的休克是不可能的。

（2）保暖对休克病人非常重要。可用毛毯、棉衣之类包住身体，保持肌体温暖，减少耗氧量。

（3）针对休克的原因，确定具体的处理方法。如创伤引起的休克，要固定伤肢，避免过多搬动；出血引起的休克，要立即想办法止血等。

（4）让病人取平卧位，下肢抬高。如有心衰、肺水肿等情况出现，病人可取半卧位。

（5）对于昏迷的病人，注意呼吸道是否通畅，并随时清除病人口内异物。

（6）有条件者应给病人吸氧。

156 怎样急救昏迷的病人

昏迷就是持续的意识丧失。当人脑的正常功能受到严重干扰时，人往往会陷入无知觉的状态，大声喊叫或摇动均不能使其醒来，这就是昏迷。昏迷可以缓慢地形成，也可以突然发生，遇到昏迷情况时，家政从业人员应及时采取救护措施：

（1）当发现患者昏迷时，要立即检查他的呼吸、脉搏。如果呼吸、脉搏消失，说明患者已经发生心搏骤停，此时应立即呼救，同时实施心肺复苏术。

（2）对有呼吸、心跳的患者，首先保持其呼吸道通畅，然后将他摆放成侧卧位（复苏位），并紧急呼救。

（3）在急救车到来前，不宜自行变动外伤后昏迷者的体位。

157 怎样急救晕厥的病人

晕厥俗称晕倒，是由于脑部一过性血液供应不足或脑血管痉挛而发生的暂时性知觉丧失现象。病人晕厥时会因知觉丧失而突然昏倒，昏倒前常先感到全身软弱无力、头晕、眼前发黑、面色苍白。昏倒后，可见手足凉、出冷汗、脉搏细弱等。轻度晕厥，经短时间休息，即可清醒。病人醒后可仍有头痛、头晕、乏力等症。遇到晕厥情况时，家政从业人员应及时采取急救措施：

（1）令病人平卧，使足部略抬高，头部稍低。

（2）如病人平素患有心脏病，并怀疑是心脏病变引起的晕厥时，则应令病人采取半卧位，以利其呼吸。

（3）救护人员可用双手自病人小腿向大腿方向做重推摩和揉捏，以促使下肢血液回流。

（4）若病人仍未苏醒，可针刺或用手指掐病人的人中、内关、合谷等穴，或给以氨水嗅闻。

（5）病人经上述处理，神志仍未能清醒者，应及时送往医院抢救。

158 怎样急救猝死的病人

猝死是指人在正常工作、生活或运动时，自然发生、出乎意料地突然死亡。猝死最常见的原因是冠心病、急性心肌梗死和心律失常。遇到猝死情况时，家政从业人员应及时采取应急措施：

（1）立即就地将病人平放在硬板或地上，进行心肺复苏法抢救，同时拨打120急救电话。

（2）施救者用食指及中指指尖触及病人喉部气管正中部位，对男病人可先触及喉结，然后向施救病人喉部气管正中方向滑移2至3厘米，在气管旁软组织处轻轻触摸颈部动脉，检查有无搏动。检查时间不要超过10秒钟。不要用力过大，不要同时触摸两侧，不要压迫气管。

（3）紧急服用急救药物。心绞痛病人舌下含服硝酸甘油或服用硝酸异山梨酯（消心痛）、速效救心丸等。

（4）千万不要随意搬动病人。

（5）运送病人必须使用急救车，不要用出租车或其他车辆。

（6）不要惊慌失措、大喊大叫，避免加重病人病情。

159 怎样对婴幼儿呼吸道异物阻塞进行急救

家政从业人员在照顾婴幼儿时，若婴幼儿发生呼吸道异物阻塞时，应及时采取应急措施：

（1）婴幼儿发生呼吸道异物阻塞时，须将患儿面朝下，头部低于身体，放在救护者的前臂上，再将前臂支撑在大腿上方，用同一只手支撑患儿的头、颈及胸部，用另一只手拍击患儿两肩胛骨之间的背部，使其吐出异物。

（2）如果无效，可将患儿翻转过来，面朝上，放在大腿上，托住其背部，头低于身体，用食指和中指猛压其下胸部，反复交替进行拍背和胸部压挤，直至异物排出。

（3）对呼吸停止者，排出异物后应做口对口人工呼吸。婴幼儿被异物阻塞呼吸道时，应立即采取以上抢救措施，同时拨打120急救电话求救。

160 怎样预防传染病

家政从业人员在服务他人的同时，也要照顾好自己，在季节交替，尤其是传染病高发期要做好预防措施：

（1）养成勤用肥皂洗手的良好卫生习惯。

（2）保持家庭环境中各种物品的卫生，定期消毒。开窗通风，保持室内空气流通，注意个人卫生。

（3）注意锻炼身体，营养均衡，劳逸结合，增强体质，减少被感染的机会。

（4）接种乙肝疫苗。在甲型流感流行期间，尽可能避免去人群聚集的地方，如果必须去则应戴上口罩；此外，还要尽量减少与甲型流感病人的接触。流脑流行前可接种流脑菌苗。

（5）远离家禽排泄物，尽量避免接触活鸡、活鸭等活的家禽和野禽，吃禽肉要煮熟煮透。

（6）如有头痛、呕吐症状，要尽早送医院诊治。

（7）平时注意饮食卫生，饭前便后要洗手。不吃不洁及来源不明的食物，不饮不洁之水。频繁腹泻者，尽早到医院肠道门诊检查治疗。

161 怎样预防洗澡时突然晕倒

有的人在洗澡时常会出现心慌、头晕、四肢乏力等现象，严重时会跌倒在浴室，产生外伤，为避免自身或身边的人出现这种情况，家政从业人员平时应注意以下几点：

（1）为防止洗澡时出现不适，应缩短洗澡时间或间断洗澡。另外，洗澡前喝一杯温热的糖开水。

（2）有心绞痛、心肌梗等心脏病的患者避免长时间洗澡。

（3）平时注意锻炼身体，提高体质，稳定肌体神经调节功能。

（4）为了预防洗澡时突然昏倒，浴室内要安装换气电风扇，这样可保持室内空气新鲜。

（5）洗澡时禁忌吸烟，洗完之后立即离开浴室。

（6）如果出现晕倒情况也不必惊慌，只要立即离开浴室躺下，并喝一杯热水慢慢就会恢复正常。

（7）如果较重，也要放松休息，取平卧位，最好用身边可取到的书、衣服等把腿垫高。待稍微好一点后，应把窗户打开通风，用冷毛巾擦身体，从颜面擦到脚趾，然后穿上衣服，头向窗口，就会恢复。

162 遇到房门反锁时怎么办

家政从业人员如出门未带钥匙而被反锁在房门外，而此时炉火开着、有幼小的孩子单独在家，或有卧床的病人在家则是十分危险的，应立即请邻居帮忙或拨打 110、119 电话，请民警或消防员帮助急救。

163 在家中遇险怎样求救

家政从业人员在家中遇险时，可根据自身的情况和周围的环境条件，发出不同的求救信号。一般情况下，重复三次的行动都象征寻求援助。

（1）声响求救。遇到危难时，除了喊叫求救外，还可以吹响哨子、击打脸盆、木棍敲打物品、斧头击打门窗或敲打其他能发声的金属器皿，甚至打碎玻璃等物品向周围发出求救信号。

（2）利用反光镜。遇到危难时，利用回光反射信号，是最有效的求救办法。常见工具有手电筒以及可利用的能反光的物品，如镜子、罐头皮、玻璃片、眼镜、回光仪等。每分钟闪照 6 次，停顿 1 分钟后，再重复进行。

（3）抛物求救。在高楼遇到危难时，可抛掷软物，如枕头、书本、空塑料瓶等，引起下面注意并指示方位。

164 怎样正确拨打 110 报警电话

发生刑事、治安案件以及危及公共与人身财产安全和扰乱公众正常工作、学习与生活秩序的案件时，应及时拨打 110 报警电话。

（1）110 免收电话费，投币、磁卡等公用电话均可直接拨打。

（2）报警时请讲清楚案发的时间、方位、姓名及联系方式等。如对案发地不熟悉，可提供现场附近具有明显标志的建筑物、大型场所、公交车站、单位名称等。

（3）报警后，要保护现场，以便民警到场后提取物证、痕迹。

165 怎样正确拨打 119 报警电话

一旦遇到火灾或化学事故，家政从业人员应立即拨打 119 火警报警电话。

（1）119 免收电话费，投币、磁卡等公用电话均可直接拨打。

（2）拨打 119 时，必须准确报出失火方位。如果不知道失火地点名称，应尽可能说清楚周围明显的标志，如建筑物等。

（3）尽量讲清楚起火部位、着火材料、火势大小、是否有人被困以及自己的姓名、联系电话等情况，同时应派人在主要路口等待消防车。

（4）在消防车到达现场前应设法扑灭初起火灾，以免火势扩大蔓延。扑救时需注意自身安全。

166 怎样正确拨打 120 医疗急救求助电话

需要急救服务时，家政从业人员可拨打 120 急救求助电话。

（1）120 免收电话费，投币、磁卡等公用电话均可直接拨打。

（2）拨通电话后，应说清楚病人所在方位、年龄、性别和病情。如不知道确切的地址，应说明大致方位，如在哪条大街、哪个方向等。

（3）尽可能说明病人典型的发病表现，如胸痛、意识不清、呕血、呕吐不止、呼吸困难等。

（4）尽可能说明病人患病或受伤的时间。如意外伤害，要说明伤害的性质，如触电、爆炸、塌方、溺水、火灾、中毒、交通事故等，并报告受害人受伤的部位和情况。

（5）如果了解病人的病史。在呼叫急救服务时应提供给急救人员参考。

（6）尽可能说明自己的特殊需要，了解清楚救护车到达的大致时间，准备接车。

167 怎样正确拨打122交通事故报警电话

发生交通事故或交通纠纷，家政从业人员可拨打122或110报警电话。

（1）122免收电话费，投币、磁卡等公用电话均可直接拨打。

（2）拨打122或110时，必须准确报出事故发生的地点及人员、车辆伤损情况。

（4）遇到交通事故逃逸车辆，应记住肇事车辆的车牌号，如未看清肇事车辆车牌号，应记下肇事车辆车型、颜色等主要特征。

（5）交通事故造成人员伤亡时，应立即拨打120急救求助电话，同时不要破坏现场和随意移动伤员。

（6）找交通警察处理交通事故是最好的解决办法。在交通警察到达现场前，应注意保护现场。

第六章

法律保护篇

遵纪守法是家政从业人员从事工作的必备条件之一。只有知法，才能在别人侵害自己的权益时，有效地利用法律武器维护自己的合法权益；也才能提醒自己始终做一个知法、懂法、守法的合格公民，约束自己依法办事，避免受到法律的制裁。作为家政从业人员，应当主动学习、了解和掌握相关法律法规知识。

168 家政从业人员应掌握哪些基本法律法规知识

根据人力资源和社会保障部制定的《家庭服务员国家职业标准》要求，结合家政从业人员工作实践，家政从业人员至少应了解以下几方面的法律法规知识：

（1）中华人民共和国公民的基本权利与义务相关知识。

（2）《中华人民共和国劳动法》相关知识。

（3）《中华人民共和国妇女权益保障法》相关知识。

（4）《中华人民共和国未成年人保护法》相关知识。

（5）《中华人民共和国民事诉讼法》相关知识。

（6）《中华人民共和国治安管理处罚法》相关知识。

169 我国公民的基本权利有哪些

凡具有中华人民共和国国籍的人都是中华人民共和国公民。我国宪法规定的公民基本权利有：

（1）公民参与政治方面的权利。包括平等权、选举权与被选举权等。

（2）人身自由和信仰自由。包括人身自由、人格尊严不受侵犯、住宅不受侵犯、通信自由和通信秘密受法律保护、宗教信仰自由等。

（3）公民的社会经济、教育和文化方面的权利。包括劳动权利、劳动者休息的权利、获得物质帮助的权利、受教育的权利、进行科学研究、文学艺术创作和其他文化活动的自由等。

（4）特定人的权利。包括保障妇女的权利、保障退休人员的权利、保护婚姻、家庭、母亲、儿童和老人、关怀青少年和儿童成长、保护华侨的正当权利等。

170 我国公民的基本义务有哪些

我国宪法规定的公民的基本义务主要有：

（1）维护国家统一和各民族团结。

（2）遵守宪法和法律、保护国家秘密、爱护公共财产、遵守劳动纪律、遵守公共秩序、遵守社会公德。

（3）保护祖国安全、荣誉和利益。

（4）保卫祖国，依法服兵役和参加民兵组织。

（5）依照法律纳税。

（6）其他方面的义务。

171 怎样理解公民在法律面前一律平等

公民在法律面前一律平等，是我国公民的一项基本权利。其含义是指，我国公民不分民族、种族、性别、职业、家庭出身、宗教信仰、教育程度、财产状况、居住期限等，都一律平等地享有宪法和其他法律规定的权利，也都平等地履行宪法和其他法规规定的义务。

172 怎样理解公民享有人身自由权利

《宪法》规定我国公民的人身权利作为一项基本权利，包括公民的身体不受非法限制、搜查、拘留、审问和侵犯；公民的人格尊严不受侵犯，禁止用任何方法对公民进行侮辱、诽谤和诬告陷害；公民的通信自由和通信秘密受法律的保护，正常情况下，任何组织和个人不得以任何理由侵犯公民的通信自由。

173 我国现行的劳动法律法规有哪些

我国现行的劳动法律法规有：

（1）《中华人民共和国劳动法》。

（2）《中华人民共和国劳动合同法》。

（3）《中华人民共和国劳动合同法实施条例》。

（4）《中华人民共和国劳动争议调解仲裁法》。

（5）各级地方人民政府根据《劳动法》制定的相关政策规定。

174 劳动者的主要权利和义务有哪些

劳动者的主要权利和义务有：

（1）劳动者享有平等就业和选择职业的权利，取得劳动报酬的权利，休息、休假的权利，获得劳动、安全、卫生保护的权利，接受职业培训技能的权利，享受社会保险和福利的权利，提请劳动争议处理的权利以及法律规定的其他劳动权利。

（2）劳动者的义务包括应履行劳动合同，提高职业技能，执行劳动安全卫生规程，遵守劳动纪律和职业道德等。

175 什么是劳动关系

劳动关系是指劳动者与用人单位（包括各类企业、个体工商户、事业单位等）在现实劳动过程中建立的社会经济关系。

从广义上讲，生活在城市和农村的任何劳动者与任何性质的用人单位之间因从事劳动而结成的社会关系都属于劳动关系的范畴。

从狭义上讲，现实经济生活中的劳动关系是指依照国家劳动法律法规规范的劳动法律关系，即双方当事人是被一定的劳动法律法规所规定和确认的权利和义务联系在一起的，其权利和义务的实现，是由国家强制力保障的。劳动法律关系的一方（劳动者）必须加入某一个用人单位，成为该单位的一员并参加单位的生产劳动；而另一方（用人单位）则必须按照劳动者的劳动数量或质量给付报酬，提供工作条件，并不断改进劳动者的物质文化生活。

176 什么是劳动合同

（1）劳动合同是劳动者与用人单位确立劳动关系、明确双方权利和义务的协议。

（2）订立和变更劳动合同，应当遵循平等自愿、协商一致的原则。

（3）劳动合同应当以书面形式订立。

（4）劳动合同的期限分为有固定期限、无固定期限和以完成一定的工作为期限的专项劳动合同。

（5）履行劳动合同过程中由于情况发生变化，经双方当事人协商一致，可以对劳动合同部分条款进行修改、补充。劳动合同的未变更部分继续有效。

（6）劳动合同期满或者当事人约定的劳动合同终止条件出现后，劳动合同即行终止。但劳动者在医疗期、孕期、产期和哺乳期内，劳动合同期限届满时，劳动合同的期限应自动延续至医疗期、孕期、产期和哺乳期满为止。

（7）劳动合同期限届满，经双方协商一致，可以续订劳动合同。

（8）劳动合同的解除分为法定和约定解除两种，既可以由单方依法解除，也可以双方协商解除。

177 劳动合同有什么作用

劳动合同是建立劳动关系的凭证，是确立劳动关系双方权利和义务的形式，是规范劳动关系双方的行为准则，也是处理劳动争议的重要依据。依法签订的劳动合同，具有法律效力。双方当事人必须严格按照合同规定条款认真履行自己的义务，任何一方不得擅自变更或解除劳动合同。

178 劳动合同包括哪些内容

劳动合同的内容应包括：

（1）用人单位的名称、住所和法定代表人或者主要负责人。

（2）劳动者的姓名、住址和居民身份证或者其他有效身份证件号码。

（3）劳动合同期限。

（4）工作内容和工作地点。

（5）工作时间和休息休假。

（6）劳动条件、劳动保护和职业危害防护。

（7）劳动报酬。

（8）社会保险。

（9）劳动纪律。

（10）劳动合同的变更、解除、终止条件。

（11）约定的试用期、培训、保守秘密、补充保险和福利待遇。

（12）违反劳动合同的责任。

179 什么是无效劳动合同

无效劳动合同是指：

（1）违反法律、行政法规强制性规定的劳动合同。

（2）采取欺诈、胁迫等手段或者乘人之危，使对方在违背本人真实意愿的情况下订立的劳动合同。

（3）用人单位免除自己的法定责任、排除劳动者权利的劳动合同均属无效劳动合同。

（4）对劳动合同的无效或者部分无效有争议的，由劳动争议仲裁机构或者人民法院确认。

（5）劳动合同部分无效，不影响其他部分效力的，其他部分仍然有效。

（6）劳动合同被确认无效，劳动者已付出劳动的，用人单位应当向劳动者支付劳动报酬。劳动报酬的数额，参照本单位相同或者相近岗位劳动者的劳动报酬确定。

（7）无效的劳动合同，从订立之日起，就没有法律约束力。

180 家政服务合同应包括哪些内容

家庭服务合同一般包括以下内容：

（1）经营者和消费者的名称、姓名、住所、联系方式。

（2）服务的内容或项目。

（3）服务地点、方式和期限。

（4）劳动条件。

（5）人身及财产安全保障。

（6）服务费及交付形式。

（7）违约责任。

（8）双方约定的其他事项。

181 签订劳动合同时应注意哪些事项

签订劳动合同时应注意以下几个方面：

（1）用人单位自用工之日起即与劳动者建立劳动关系。建立劳动关系，应当订立书面劳动合同。已建立劳动关系，未同时订立书面劳动合同的，应当自用工之日起一个月内订立书面劳动合同。

（2）签订劳动合同要遵循平等自愿、协商一致的原则。平等是指劳动合同双方地位平等，应以平等身份签订劳动合同；自愿是指签订劳动合同完全是出于本人的意愿，不得采取强加于人和欺诈、威胁等手段签订劳动合同，协商一致是指劳动合同的条款必须由双方达成一致意见后才能签订劳动合同。

（3）用人单位招用劳动者，签订劳动合同时，应当如实告知劳动者工作内容、工作条件、工作地点、职业危害、安全生产状况、劳动报酬，以及劳动者要求了解的其他情况；用人单位有权了解劳动者与劳动合同直接相关的基本情况，劳动者应当如实说明。

（4）用人单位招用劳动者，不得扣押劳动者的居民身份证和其他证件，不得要求劳动者提供担保或者以其他名义向劳动者收取财物。

（5）签订劳动合同必须符合法律、行政法规的规定。在签订劳动合同前，双方一定要认真审视每一项条款，就权利、义务以及有关内容达成一致意见，并且严格按照法律法规的规定，签订有效合法的劳动合同。

（6）劳动合同应当以书面形式签订，同时要注意劳动合同的内容是否齐备。这是履行劳动合同和劳动争议处理的重要依据。

（7）既要依据法律、行政法规，又要结合实际。签订劳动合同偏离法律、行政法规可能产生无效合同，但又不能千篇一律照抄法律法规，而必须结合实际情况，特别要注意法律法规的规定留有余地的地方。

（8）合同内容可简可繁。劳动合同签订时要因人、因地、因事而异。但对于法律法规没有具体规定或者允许当事人变通的内容，特别是用以产生争议的地方，要规定的详细具体。

（9）合同的语言表达要明确、易懂。依法签订的劳动该合同受法律保护，它涉及当事人的权利、责任和利益，能够产生一定的法律后果。因此，签订劳动合同时，在语言表达和用词上必须通俗易懂，尽量写明确，以免发生争议。

（10）劳动合同由用人单位与劳动者协商一致，并经用人单位与劳动者在劳动合同文本上签字或者盖章生效。

（11）劳动合同文本由用人单位和劳动者各执一份。

182 怎样避免签订无效劳动合同

避免签订无效劳动合同应注意以下几点：

（1）避免签订无效劳动合同最关键的是在签订劳动合同时要坚持合法的原则，也就是在与用人单位协商确定劳动合同内容的条款时要严格遵守法律、行政法规的规定。如招用16周岁以下的未成年人，就违反了国家禁止招用童工的规定；在合同里规定女职工在法定的婚育年龄不得结婚、生育，就违反了《妇女权益保障法》、《婚姻法》等法律的规定。甚至有些合同书中规定“半年支付一次工资”、“工伤费用自理”等内容，更是违反了国家劳动法律法规的规定。

（2）签订劳动合同一定要坚持平等自愿、协商一致的原则，这是避免产生无效劳动合同的重要原则。合同各项条款的确定，都要经过双方协商并达成一致意见，任何一方不得使用强加于人或者欺诈、胁迫等手段签订劳动合同。如一些劳动者为了尽快谋求工作而默认了用人单位在合同中规定的不公平条款；还有些用人单位不真实或夸大其词，诱使劳动者与其签订劳动合同；也有些劳动者隐瞒自己的真实情况与用人单位签订劳动合同等，都使劳动合同从签订之日就成为无效劳动合同，其结果是使双方的合法权益都受到损害。

183 怎样在劳动合同中约定试用期

《中华人民共和国劳动合同法》规定：

（1）劳动合同期限三个月以上不满一年的，试用期不得超过一个月。

（2）劳动合同期限一年以上不满三年的，试用期不得超过两个月。

（3）三年以上固定期限和无固定期限的劳动合同，试用期不得超过六个月。

（4）同一用人单位与同一劳动者只能约定一次试用期。

（5）以完成一定工作任务为期限的劳动合同或者劳动合同期限不满三个月

的，不得约定试用期。

（6）试用期包含在劳动合同期限内。劳动合同仅约定试用期的，试用期不成立，该期限为劳动合同期限。

184 履行劳动合同有哪些规定

家政从业人员应了解劳动合同履行中的以下规定：

（1）用人单位与劳动者应当按照劳动合同的约定，全面履行各自的义务。

（2）用人单位应当按照劳动合同约定和国家规定，向劳动者及时足额支付劳动报酬。

（3）用人单位拖欠或者未足额支付劳动报酬的，劳动者可以依法向当地人民法院申请支付令，人民法院应当依法发出支付令。

（4）用人单位应当严格执行劳动定额标准，不得强迫或者变相强迫劳动者加班。用人单位安排加班的，应当按照国家有关规定向劳动者支付加班费。

（5）劳动者拒绝用人单位管理人员违章指挥、强令冒险作业的，不视为违反劳动合同。

（6）劳动者对危害生命安全和身体健康的劳动条件，有权对用人单位提出批评、检举和控告。

185 劳动者在什么情况下可以提出解除劳动合同

《中华人民共和国劳动合同法》规定，用人单位有下列情形之一的，劳动者可以解除劳动合同：

（1）未按照劳动合同约定提供劳动保护或者劳动条件的。

（2）未及时足额支付劳动报酬的。

（3）未依法为劳动者缴纳社会保险费的。

（4）用人单位的规章制度违反法律、法规的规定，损害劳动者权益的。

（5）劳动合同无效的。

（6）法律、行政法规规定劳动者可以解除劳动合同的其他情形。

186 用人单位在什么情况下可以解除劳动合同

劳动者有下列情形之一的，用人单位可以解除劳动合同：

（1）在试用期间被证明不符合录用条件的。

（2）严重违反劳动纪律或用人单位依法制定的规章制度的。

（3）严重失职，营私舞弊，给用人单位造成重大损害的。

（4）劳动者同时与其他用人单位建立劳动关系，对完成本单位的工作任务造成严重影响，或者经用人单位提出，拒不改正的。

（5）劳动合同无效的。

（6）被依法追究刑事责任的。

187 劳动者怎样依法解除劳动合同

家政从业人员在解除劳动合同时应依法进行：

（1）用人单位与劳动者协商一致，可以解除劳动合同。

（2）劳动者提前三十日以书面形式通知用人单位，可以解除劳动合同。劳动者在试用期内提前三日通知用人单位，可以解除劳动合同。

（3）用人单位以暴力、威胁或者非法限制人身自由的手段强迫劳动者劳动的，或者用人单位违章指挥、强令冒险作业危及劳动者人身安全的，劳动者可以立即解除劳动合同，不需事先告知用人单位。

188 解除劳动合同可以有哪些经济补偿

根据《劳动法》规定，具体的补偿方法如下：

（1）当事人协商一致，用人单位解除劳动合同的。用人单位根据劳动者在本单位工作的年限，每满一年发给其相当于1个月工资的经济补偿金，但最多不超过 24 个月。工作时间不满一年的按一年的标准发给经济补偿金。

（2）劳动者不能胜任工作的。劳动者不能胜任工作的、经过培训或者调整工作岗位后仍不能胜任工作的，用人单位要解除劳动合同的，按其在本单位的工作年限，每满一年发给其相当于 1 个月工资的经济补偿金，最多不超过 12 个月。

（3）劳动者患病或者非因公受伤的。劳动者患病或者非因公受伤，经劳动鉴定委员会确认不能胜任工作的，也不能从事用人单位另行安排的工作而解除劳动合同的，用人单位应按其在本单位的工作年限，每满一年发给其相当于 1 个月工资的经济补偿金，同时还应发给其不低于 6 个月工资的医疗补助金。患重病或者绝症的，还应增加医疗补助费。患重病的增加部分不低于医疗补助费的 50%，患绝症的增加部分不低于医疗补助费的 100%。

（4）因客观原因或用人单位破产的。因为客观原因劳动合同解除的，或者用人单位因破产整顿、生产经营状况严重困难必须裁员的，用人单位应按劳动者在本单位的工作年限，每满一年发给其相当于 1 个月工资的经济补偿金。用人单位解除劳动合同后、未按规定给予劳动者补偿的，除全额发给经济补偿金外，还需要按经济补偿金的 50% 支付额外经济补偿金。

189 用人单位出现哪些行为可以追究责任

用人单位有下列情形之一的，依法给予行政处罚；构成犯罪的，依法追究刑事责任；给劳动者造成损害的，应当承担赔偿责任：

（1）以暴力、威胁或者非法限制人身自由的手段强迫劳动的。

（2）违章指挥或者强令冒险作业危及劳动者人身安全的。

（3）侮辱、体罚、殴打、非法搜查或者拘禁劳动者的。

（4）劳动条件恶劣、环境污染严重，给劳动者身心健康造成严重损害的。

190 什么是劳动争议

劳动争议是指劳动关系当事人之间因实现劳动权利和履行劳动义务而发生的劳动纠纷。它有如下特征：

（1）发生在劳动关系双方当事人之间，一方是用人单位，包括企业、机关、事业单位、团体、个体工商户等，另一方是该用人单位的职工。

（2）争议的内容是特定的，必须是实现劳动权利和义务方面的问题，如因开除、除名、辞退职工和职工辞职、自动离职及履行劳动合同发生的争议。

191 劳动者与用人单位发生劳动争议时怎么办

劳动者与用人单位发生争议后，可通过下列程序解决：

（1）双方协商解决。

（2）调解解决。不愿协商或协商不成的，可自愿申请企业调解委员会调解，也可以向当地劳动行政部门投诉，由劳动行政部门进行调解。劳动争议经调解达成协议的，当事人应当履行。

（3）仲裁解决。双方不愿或无法通过上述两种方式解决的，可自发生劳动争议之日起 60 日内向当地劳动仲裁委员会申请劳动仲裁。

（4）诉讼解决。当事人对仲裁裁决不服的，可以自收到仲裁书之日起 15 日内，向当地的基层人民法院提起诉讼。对基层人民法院的一审判决不服，还可以向当地的中级人民法院提出上诉。上诉的判决结果为终审判决，即时发生法律效力。

192 用人单位克扣或者无故拖欠工资时怎么办

用人单位克扣或者无故拖欠劳动者工资报酬的，劳动者可以向劳动保障部门举报，由劳动保障监察部门责令用人单位限期支付劳动者工资报酬，逾期不支付的，责令不支持的，责令用人单位按照应付金额 50% 以上 1 倍以下的标准计算，向劳动者加付赔偿金。

193 用人单位收取保证金或扣押个人证件时怎么办

劳动者可以向劳动保障监察机构举报。用人单位违反规定向劳动者收取或变相收取保证金、抵押金及其他不合理费用，或者扣押个人证件的，由劳动保障行政部门责令限期退还劳动者；逾期不退还保证金、抵押金及其他不合理费用的，处以实收金额一至三倍的罚款；逾期不退还证件的，按每证处以五百元罚款的标准予以处罚。

194 怎样保护妇女合法权益

女性家政从业人员应注意以下事项：

（1）保护好自己。要勇于保护自己的隐私不受侵害。隐私包括私人信息、私人生活、私人空间和生活安宁。家庭从业人员在雇主家工作时，会有一些个人的信息或者其他的个人隐私（如私人活动、私人空间）提供给雇主。雇主应该为家政从业人员保密。若雇主擅自公开家政从业人员的隐私，家政从业人员可以依法要求其承担相应的赔偿责任。在工作中，女性家政从业人员应该洁身自爱，对雇主的不正当要求要严词拒绝，避免受到性侵害，并以《妇女权益保护法》为武器，捍卫自己的权利，万一受到侵害，应该向公安机关报案。

（2）尊重女雇主的权益。任何家政从业人员都不能做第三者插足雇主的家庭。家政从业人员要尊重雇主的权利，不要做违法的事。要和异性雇主保持适当的距离，以免引起误解和麻烦。

（3）不能侵犯女雇主的隐私权。家政从业人员对女雇主的各种私人信息、私人活动、私人空间等有保守秘密的义务，除非该隐私侵害了个人或公共利益；对女雇主的东西不要随便翻看；不能私自隐匿、毁弃、拆开女雇主的信件；不能偷窥女雇主的私人生活。

195 名誉权受到他人侵犯时怎么办

家政从业人员应了解关于名誉权的相关规定：

公民的名誉权是指公民对自己的社会评价享有的不受他人侵犯的权利。

侵犯名誉权，主要表现为侮辱和诽谤两种形式。侮辱是使用暴力或口头、文字等方式公然侮辱他人，损害他人人格尊严的行为。诽谤是指无中生有，捏造事实，破坏他人名誉、人格的行为。

根据《民法通则》第120条的规定，可以要求侵害人停止侵害、恢复名誉、消除影响、赔礼道歉，并可要求赔偿因侵权行为造成的经济损失和精神损失。公民对上述权利，可以直接向人民法院提起民事诉讼，请求人民法院依法裁决。对于侵害公民名誉权情节严重、并造成严重后果的行为，受害人可要求依法追究侵害人的刑事责任。

196 怎样提起民事诉讼

当家政从业人员的权益被侵害，在和解、调解等方式无法解决时，需要到人民法院提起诉讼，拿起法律武器维护自身的合法权益。

（1）进行民事诉讼，首先要向人民法院递交起诉状，提起诉讼。

（2）起诉状应该写明的事项有：当事人（原告和被告）的姓名、性别、年龄、民族、职业、工作单位和住所，如果是法人或者其他组织，应写明其名称、住所和法定代表人或主要负责人的姓名、职务；提起诉讼的具体要求（诉讼请求）和依据的事实与理由；有什么证据，证据的来源，证人的姓名和住所等。

（3）到具有管辖权的人民法院起诉，并提交相关的证据材料。

（4）人民法院在接到起诉状或听取口头起诉后，根据情况做出是否受理的决定。如果起诉符合法律规定的条件，人民法院予以受理。如果人民法院认为不符合起诉的条件，不予受理，则审判程序不能进行。

（5）立案后，按照人民法院的通知准时出庭参与诉讼活动。

（6）如果原告是个人，因年老或其他原因不能出庭的，也可以委托其近亲属或他认为可以代表他的其他人代理、或者委托律师代理。

（7）代理人在向法院送交起诉书时，必须同时送交由起诉人签名或者盖章的授权委托书。授权委托书必须具体写明委托事项和权限。

197 什么是诉讼时效以及诉讼时效期限

诉讼时效是指民事权利受到侵害的权利人在法定的时效期间内不行使权利，当时效期间届满时，人民法院对权利人的权利不再进行保护的制度。

（1）一般诉讼时效期间。民法通则第 135 条规定，向人民法院请求保护民事权利的诉讼时效期间为 2 年，法律另有规定的除外。即民法通则或其他民事法律规范没有特别规定的，均适用 2 年的一般诉讼时效期间。

（2）短期诉讼时效期间。民法通则第 136 条规定，“身体受到伤害要求赔偿的”、“出售质量不合格的商品未声明的”、“延付或者拒付租金的”以及“寄存财物被丢失或者损毁的”四种情形，诉讼时效期间为 1 年。但是，这四种适用短期诉讼时效的情形，有的已被后公布的单行法修正，按新法优于旧法、特别法优于普通法的原则，应该适用新法律的规定。环境保护法第 42 条规定：因环境污染损害赔偿提起诉讼的时效期间为 3 年……即身体伤害因环境污染造成的，应适用特别法规的特殊时效；产品质量法第 45 条规定，因产品存在缺陷造成损害要求赔偿的诉讼时效期间为 2 年……即因产品责任的赔偿请求权，应适用特别法规定的 2 年特殊时效。

（3）最长诉讼时效期间。民法通则第 137 条规定，从权利被侵害之日起超过 20 年的，人民法院不予保护。有特殊情况的，人民法院可以延长诉讼时效期间。最长诉讼时效期间与一般和短期诉讼时效期间不同，该期间是从权利被侵害时起计算，即适用于“不知道或不应当知道”其权利被侵害的“特殊主体”。那些知道或应当知道自己权利被侵害的权利人，只能适用一般时效。

198 民事诉讼一定要有诉讼代理人吗

当事人可以自己决定是否委托诉讼代理人代为诉讼。但是，无行为能力的公民进行诉讼或者限制行为能力的人进行诉讼，必须由其监护人作为法定代理人代

为诉讼。法定代理人之间互相推诿代理人责任的，由人民法院指定其中一人代为诉讼。法定代理人也可以委托1－2人作为诉讼代理人。

199 对民事案件第一审判决或裁定不服怎么办

当事人不服地方人民法院第一审判决的，有权在判决书送达之日起15日内向上一级人民法院提起上诉；当事人不服地方人民法院第一审裁定的，有权在裁定书送达之日起10日内向上一级人民法院提起上诉。应当注意，最高人民法院的判决、裁定，以及依法不准上诉或者超过上诉期没有上诉的判决、裁定，是发生法律效力的判决、裁定，当事人不得上诉。

200 对民事案件二审判决不服怎么办

当事人对已经生效的或二审的判决、裁定认为有错误的，可依《民事诉讼法》向原审人民法院或上一级人民法院申请再审，要求人民法院通过审判监督程序，纠正二审错误，依法保护当事人的合法权益。

201 律师可以提供哪些法律服务

根据《律师法》第25条规定，律师可以从事下列业务：

律师是依法取得律师执业证书，接受委托或者指定，为当事人提供法律服务的执业人员。律师应当维护当事人合法权益，维护法律正确实施，维护社会公平和正义。

（1）接受公民、法人和其他组织的聘请，担任法律顾问。

（2）接受民事案件、行政案件当事人的委托，担任代理人，参加诉讼。

（3）接受刑事案件犯罪嫌疑人的聘请，为其提供法律咨询，代理申诉、控告，申请取保候审，接受犯罪嫌疑人、被告人的委托或者人民法院的指定，担任辩护人；接受自诉案件自诉人、公诉案件被害人或者其近亲属的委托，担任代理人，参加诉讼。

（4）代理各类诉讼案件的申诉。

（5）接受当事人的委托，参加调解、仲裁活动。

（6）接受非诉讼法律事务当事人的委托，提供法律服务。

（7）解答有关法律的询问、代写诉讼文书和有关法律事务的其他文书。

律师提供服务的范围十分广泛，可以说，所有有关法律的问题，都可以找律师咨询；在律师业务范围的所有法律事务，都可以请律师代为处理。

202 怎样聘请律师

家政从业人中遇到法律问题常要聘请律师时，需要注意以下几点：

（1）请律师要到正规的律师事务所。律师事务所是律师的执业机构，要注意查看是否有执业许可证，了解律师在哪些方面具有长期经验及良好的职业素质。依照我国《律师法》的规定，律师违法执业或者因过错给当事人造成损失的，由其所在的律师事务所承担赔偿责任。不管是自己点名，还是别人介绍，当事人应当前往律师事务所洽谈并办理委托手续。

（2）聘请律师要及时。这样做，律师既可以根据案情需要及时收集和固定对当事人有利的证据，又能迅速采取有效的应对措施，维护当事人的合法权益。一些当事人在遇到法律方面的疑难时存有侥幸心理，待到事态恶化时，再请律师，此时往往由于证据难以取得或已遭到破坏，或者已超过诉讼时效，或者已经进入某一特定诉讼程序，律师也无能为力。

（3）警惕“三包”律师。打官司本身是一种风险较大的活动，没有绝对的胜负。但有的律师为揽案源违反职业道德，不负责任地向当事人承诺“三包”（包胜诉、包放人、包无罪），遇到这种情况时应该引起注意，谨防受骗。如有需要，当事人可与代理律师事务所签订风险代理合同。

（4）及时交纳律师费。律师接受委托的费用一般包括代理费、办案费和活动经费。对于代理费应争取分期支付，最后一期尽量放在委托事项办理结束时支付，以促使律师积极工作。对于办案费和活动经费可以采取实报实销，预计金额不大时，可以承包方式支付。委托代理费用，应向律师事务所的财务人员交付，并要求开具正式发票。

（5）签署规范完善的委托协议。当事人要与律师事务所签订《委托代理协议》（或合同）和《授权委托书》。《委托代理协议》应包括委托事项、委托期限、费用、工作要求、赔偿责任、解约条件、违约责任等内容。当事人在填写《委托授权书》时，要结合案件的实际情况，注意写清代理权限。

203 什么是法律援助

法律援助是指由政府设立的法律援助机构组织法律服务人员，对需要法律服务而又无力支付律师费用的公民指派律师，援助性地提供法律服务的社会法制保障措施，是为人民群众排忧解难，消除社会不安定因素的一种法律救济方法。

204 我国法律援助有哪些特征

我国法律援助有以下特征：

（1）法律援助是政府行为，由政府设立的法律援助机构组织实施。它体现了政府对公民应尽的义务。

（2）法律援助是法律化、制度化的行为，是国家社会保障制度中的重要组成部分。

（3）受援对象为经济困难者、残疾者、弱者，或者经人民法院指定的特殊对象。

（4）法律援助机构对受援对象减免法律服务费，法院对受援对象减、免案件受理费及其他诉讼费用。

（5）法律援助的形式，既包括诉讼法律服务，也包括非诉讼法律服务。

205 哪些公民可以申请法律援助

具有以下条件的公民可以申请法律援助：

（1）有充分理由证明为保障自己的合法权益需要法律帮助。

（2）确因经济困难，无能力或无完全能力支付法律服务费用。

206 法律援助的范围包括哪些方面

我国法律援助的范围包括：

（1）刑事案件。

（2）请求给付赡养费、抚育费、扶养费的法律事项。

（3）除负责事故外，因公受伤请求赔偿的法律事项。

（4）盲、聋、哑和其他残疾人，符合法律援助条件的未成年人和老年人追索侵权赔偿的法律事项。

（5）请求国家赔偿的诉讼案件。

（6）请求发给抚恤金、救济金的法律事项。

（7）符合法律援助条件的各类民事、经济、涉外公证证明。

（8）其他确需法律援助的法律事项。

207 怎样提出法律援助申请

申请人必须以书面形式提出法律援助申请，并写明以下事项：

（1）申请人基本情况。

（2）申请人法律援助的事实和理由。

（3）申请人的经济状况。

（4）申请人提供的证明、证据材料清单。

208 申请法律援助应提交哪些材料

申请法律援助应提交以下材料：

（1）居民身份证、户籍证明，暂住证或其他有效的身份证明。

（2）有关单位出具的申请人及家庭成员经济状况证明。

（3）与所申请法律援助事项相关的证明及证据材料。

（4）法律援助中心认为需要提供的其他材料。

209 怎样保护未成年人的权利

《未成年人保护法》规定，侵害未成年的合法权益，其他法律、法规已规定行政处罚的，从其规定；造成人身、财产损失或者其他侵害的，依法承担民事责任；构成犯罪的，依法追究刑事责任。侵犯未成年隐私，构成违反治安管理法律的行为的，由公安机关依法给予行政处罚。家政从业人员在工作中应该注意：

（1）尊重未成年人的身心健康和安全。陪护儿童时，对儿童的任性、不礼貌甚至其他不能容忍的缺点和错误，应该耐心引导、教育，实在不起作用时报告家长对其进行约束和教育；不可对儿童进行恐吓、打骂等。如果家政从业人员的不当行为对孩子造成了伤害，家政从业人员要承担相应的法律责任。

（2）不能侵犯未成年人的肖像权。家政从业人员经常有机会接触到未成年人的照片，甚至有时可能和雇主及其家人合影。得到雇主家人的照片，应妥善保管，不能为谋取利益卖给他人，使他人为了盈利把照片作为宣传广告或商品外包装图像。未成年人的肖像权同样受法律保护，一旦侵犯，则要承担相应的法律责任。

（3）尊重未成年人的隐私。家政从业人员不得私自隐匿、毁弃、拆开未成年人的信件，不要主动了解、询问未成年人的信函、手机短信等内容，更不能把了解到的相关信息到处宣扬。

210 侵犯老年人合法权益会受到哪些处罚

《老年人权益保护法》规定，侵犯老年人合法权益会受到如下处罚：

（1）老年人合法权益受到侵害的，被侵害人或者其代理人有权要求有关部门处理，或者依法向人民法院提起诉讼。人民法院和有关部门对侵犯老年人合法权益的申诉、控告和检举，应当依法受理，不得推诿、拖延。

（2）以暴力或者其他方法公然侮辱老年人、捏造事实诽谤老年人或者虐待老年人，情节较轻的，依照治安管理处罚法的有关规定处罚；构成犯罪的，依法追究刑事责任。

（3）有盗窃、诈骗、抢夺、勒索、故意毁坏老年人财物，情节较轻的，依照治安管理处罚法的有关规定处罚；构成犯罪的，依法追究刑事责任。

211 消费者具有哪些权利

《消费者权益保护法》规定消费者具有以下权利：

（1）人身财产安全权。消费者有权要求经营者提供的商品和服务，符合保障人身、财产安全的要求。

（2）知悉真情权。消费者享有其购买、使用的商品或者接受的服务真实情况的权利；有权根据商品或者服务的不同情况，要求经营者提供商品的价格、产地、生产者、用途、性能、规格、等级、主要成分、生产日期、有效期限、检验合格证明、使用方法说明书、售后服务、后者服务的内容、规格、费用等有关情况；在自主选择商品或者服务时，有权进行比较、鉴别和挑选。

（3）自主选择权。消费者享有自主选择商品或者服务的权利；有权自主选择商品品种或者服务方式；有权自主决定购买或者不购买任何一种商品、接受或者不接受任何一项服务。

（4）公平交易权。消费者在购买商品或者接受服务时，有权获得质量保障、价格合理、计量正确等公平交易条件，有权拒绝经营者的强制交易行为。

（5）损害求偿权。消费者因购买、使用商品或者接受服务受到人身、财产损害的，有权依法获得赔偿的权利。

（6）结社权。消费者享有依法成立维护自身合法权益的社会团体的权利。

（7）获得相关知识权。消费者享有获得有关消费和消费者权益保护方面知识的权利。

（8）受尊重权。消费者在购买、使用商品和接受服务时，享有其人格尊严、民族风俗习惯得到尊重的权利。

（9）监督批判权。消费者享有对商品和服务以及保护消费者权利工作监督的权利。

212 消费者的权益受侵犯后怎么解决

家政从业人员作为消费者的权益受到侵犯后应通过以下方式维权：

（1）与经营者协商解决纠纷。消费纠纷发生后，消费者与经营者在协商互谅的基础上，根据法律、法规的规定，通过沟通，达成解决双方纠纷的一致协议。

（2）请求消费者协会协调解决。在消协的主持下，消费者与经营者就有关争议问题，自愿协商，达成协议，从而解决纠纷。

（3）向有关行政部门申诉解决纠纷。在与经营者协商和消协调解后无果后，消费者可通过口头或是书面直接向有关行政部门反映情况，请求解决纠纷，处理违法者的违法行为。

（4）消费纠纷仲裁。消费者与经营者就有关争议自愿提交仲裁机构裁决。

（5）国家司法机关维护消费者权益的职责。人民法院依法受理和认真审理当事人提起诉讼请求的消费者权益侵权案件；人民法院依法受理和认真审理由人民检察院提起公诉的有关侵犯消费者合法权益的案件。

213 合法权益受到侵害后怎样维权

家政从业人员的合法权益受到侵害后，在注意掌握受侵害的证据，如证人、证言、证物等基础上，要运用正确的维权方式，及时投诉、起诉和报案，使自己的合法权益通过法律的途径，得到切实的保障。

（1）属于违反劳动法规的不法侵害，如被无故克扣、拖欠工资等，应去劳动监察部门投诉解决。

（2）属于违反治安管理规定的不法侵害，如受到虐待、被殴打但尚不够刑事处罚的，应到公安机关投诉解决。

（3）属于民事权益受到不法行为侵害的，如经济纠纷、损害赔偿等，应按照诉讼程序，到人民法院提起诉讼，通过诉讼途径解决。

（4）属于依据刑法规定的自诉案件，如侮辱、诽谤、虐待等构成刑事犯罪的，应到人民法院提请起诉，由人民法院直接受理解决。

（5）属于依据刑法规定的公诉案件，如强奸、杀人等，应到公安机关报案，由公安机关负责侦查、拘留、预审，由人民检察院批准逮捕和检查（包括侦查）、提起公诉，由人民法院审判。

214 我国实行的“五险”指哪五种基本社会保险

我国实行的社会基本保险包括养老、医疗、失业、工伤和生育等五种，简称为“社保五金”，其重要性如下：

（1）养老保险——退休后每月按时领取养老金，否则无法做到老有所养。

（2）医疗保险——生病、住院可按比例报销费用，否则生病时无处报销医疗费用。

（3）失业保险——失业期间可领取保险金，否则失业期间没有生活来源。

（4）工伤保险——工伤可得到医疗救治和经济补偿，否则受伤时没有任何赔偿保障。

（5）生育保险——生育期间可享受经济补偿和医疗保障，否则生育期间工资、福利和医疗费等得不到保障。

215 家政从业人员的社会保险应该由谁负责办理

购买保险是保障家政从业人员人身安全及生活的重要措施。北京市劳动和社会保障局《关于2002年办理〈北京市外来人员就业证〉及缴纳社会保险费有关问题的通知》（京劳社办发［2002］16号）明确规定：用工单位应当为使用的外地来京务工人员办理养老、失业、工伤保险，对不办理、不按时足额缴纳社会保险费的用工单位，依据国家和本市的有关规定予以处罚。因此，从北京市的情况来看，外地来京务工从事家政服务的人员的社会保险应该由用工单位负责办理。

216 京外从业人员在北京退休后怎样领取养老金

《北京市人力资源和社会保障局关于印发北京市基本养老保险关系转移接续几个具体问题处理意见的通知》（京人社养发〔2011〕120号）中指出，京外户籍职工在本市办理退休手续后，其社会保险关系按照国家规定不再跨省市转移，基本养老金按本市规定实行社会化发放。

（1）享受条件。原籍享受，如果缴纳养老保险达到15年，则可以在工作地领取养老金；符合国家退休条件并办理退休手续：男性年满60周岁，女性干部年满55岁，女性职工年满50岁。

（2）享受方式。缴纳不满15年人员，达到法定退休年龄后，个人账户金额一次性给付；缴纳满15年人员，社会化发放，按月存入存折。其中包括基础养老金（企业缴存部分）、个人账户养老金和综合性补贴（地方财政、生活补贴）；个人账户可以继承。

217 怎样计算养老金

（1）基础养老金月标准为省（自治区、直辖市）或市（地）上年度职工月平均工资的20%。

（2）个人账户养老金由个人账户基金支付（上年度职工月平均工资的8%），月发放标准为本人账户储存额除以120。个人账户基金用完后，由社会统筹基金支付。

例如：某女性干部40岁，缴费基数是3000元，退休年龄是55岁，则缴费年数为15年。若15年后缴费基数由3000元递增为6000元，那么退休后每个月可以拿到6000×20%＝1200元的基本养老金。

此外，如果取缴费基数的平均数为（3000＋6000）÷2＝4500元，那么15年里个人账户上应该有4500元/月×8%×15年×12月/年＝64800元，则每月还能拿到64800÷120＝540元，这样从55岁退休开始每个月起码可以拿到1200＋540＝1740元的养老金。当然这是个大概数字，每年国家的基数都在上调，个人养老金当然也会越来越多。

218 参加国家养老社保是否合算

仍按上述例子，退休后一年可拿到的养老金为 1740 元/月 ×12 月 =20880 元。而个人在 15 年内缴纳的金额大约为 4500 元/月 ×8% ×12 月/年 ×15 年 =226800 元，则不到 11 年（226800 元 ÷20800 元/年 =10.86 年）就可以拿回个人全部缴纳的金额。若考虑国家缴费基数每年的上涨因素，差不多 10 年即可全部拿回。

219 来自农村的家政从业人员养老保险关系怎样计算

“无论在哪干，养老保险接着算”。

（1）来自农村的家政从业人员和其他职工一样，在不同单位就业，养老保险关系可以转移和接续，在不同时间、地点的缴费年限可以累计计算。

（2）如果来自农村的家政从业人员离开就业单位，养老保险关系既可自愿按照有关规定一次性结清，也可由社会保险经办机构暂时保存其养老保险关系。

（3）来自农村的家政从业人员达到国家规定的退休年龄，可由保管其档案并保留其养老保险关系的单位或部门代其办理申请退休手续，和其他类型职工一样享受养老保险相关待遇。缴费年限达到 15 年或 15 年以上的，可按月领取养老金；缴费年限不足 15 年的，将个人账户储存额一次性支付给本人，终止养老保险关系。

220 什么情况下可以申请失业保险

申请失业保险的条件为：

（1）参加失业保险，所在单位和本人已按规定履行缴费义务满 1 年的。

（2）非本人意愿中断就业的。

（3）已办理失业登记，并有求职要求的。

221 有关失业保险金领取时限和金额

家政从业人员应了解以下关于失业保险金领取的时限和金额的规定：

（1）在相关文件中规定，领取失业保险金的期限最长不得超过 24 个月，根据缴费年限的长短，领取失业保险金的时限有所不同，详见下表。

累计缴费时间	领取期限
1 年以上不满 2 年	3 个月
2 年以上不满 3 年	6 个月
3 年以上不满 5 年	12 个月
5 年以上不满 8 年	15 个月
8 年以上不满 10 年	18 个月
10 年以上	24 个月

（2）对失业保险金的领取标准，国家也做了严格规定，且每年的 4 月份都会做相应调整。根据缴费年限的长短，2012 年北京市的发放标准如下表所示。但从第一次领取失业保险金的第 13 个月起，失业保险金一律按 842 元发放。

累计缴费时间	发放标准
不满 5 年	842 元/月
满 5 年不满 10 年	869 元/月
满 10 年不满 15 年	896 元/月
满 15 年不满 20 年	923 元/月
20 年以上	951 元/月

222 什么是工伤保险

工伤保险是指工作过程中受意外伤害，或因接触粉尘、放射线、有毒害物质等职业危害因素引起职业病后，由国家和社会给负伤、致残者以及死亡者生前供养亲属提供的必要物质帮助。

223 家政从业人员能否享受工伤保险待遇

根据我国《劳动法》解释的相关规定，家政服务等工作类型是不予适用《劳动法》的，因而作为《劳动法》的有机组成部分的工伤保险制度，覆盖不到家政从业人员。但是这并不意味着家政从业人员的损害就不能得到其他法律的保护。根据《民法》的有关规定，家政从业人员可以向雇主主张人身损害赔偿。家政从业人员只需证明自己是在为雇主家工作的时候受到损害就可以。由此，家政从业人员可以得到医疗费、误工费、护理费、交通费、住宿费、住院伙食补贴费、必要的营养费等损害赔偿，并可以依据有关精神损害赔偿的规定要求精神损害赔偿。

224 什么是生育保险

生育保险是国家通过立法，在怀孕和分娩的妇女劳动者暂时中断劳动时，由国家和社会提供医疗服务、生育津贴和产假的一种社会保险制度，国家或社会对生育的女职工给予必要的经济补偿和医疗保健的社会保险制度。

225 我国商业保险中适用家政服务行业的险种有哪些

目前，我国家政从业人员的职业性质属于社会职业，在国家法律法规没有针对性的解决家政行业经营风险的情况下，家政服务公司和家政从业人员都需要依靠商业保险来化解行业的经营风险。在我国，由太平洋保险公司推出的家政经营责任险可以在全国家政服务行业中适用。

226 家政责任险的保障范围有哪些

家政责任险的保障范围包括以下内容：

（1）家政经营责任。在保险期间内，家政从业人员在从事家政服务工作过程中，因过失行为致使雇主以及第三者（雇主家庭成员以外人员）遭受人身损害或直接财产损失，保险人将根据家政经营责任险条款约定，在保险单中载明的赔偿限额内负责赔付。

（2）家政从业人员意外伤害。身故：在保险期间内，对家政从业人员自身意外伤害发生之日起 180 日内以该次意外伤害为直接原因身故，保险人按保险金额给付身故保险金。

残疾：被保险人因意外伤害所致残疾，保险人按保险单所载保险金额及该项身体残疾所对应的给付比例给付残疾保险金。如治疗仍未结束，按意外伤害发生之日起第 180 日时的身体情况进行鉴定，并据此给付保险金。

被保险人因同一意外伤害造成两项及以上身体残疾时，保险人给付对应项残疾保险金之和。但不同残疾项目属于同一上肢或同一下肢时，保险人仅给付其中一项残疾保险金；如残疾项目所对应的给付比例不同时，仅给付其中比例较高一项的残疾保险金。

（3）家政从业人员意外伤害医疗。在保险期间内，且在主险合同有效的前提下，因发生属主险合同责任范围的意外伤害，经卫生行政部门批准的二级以上医院治疗而支出的医疗、医药费用（社保报销范围内），保险人对被保险人负保险金给付责任。

227 家政责任险的投保要求是什么

家政责任险的投保要求有：

（1）被保险人：年满 18 至 65 周岁，身体健康，且与正规家政公司（工商局注册）签署雇用合同的家政从业人员。如：家政从业人员、钟点工、月嫂、护工、清洁工等家庭服务行业从业人员。

（2）保险期限：一年。

228 家政责任险的保障方案有哪些

家政责任险的保障方案大致有以下几种：

（1）方案一：

保障险种	保障项目	保障金额	免赔额	保费
A 款	雇主人身伤害	10 万	无免赔	70 元
	雇主财产损失	2 万	1000 元	
	第三者责任	1 万	同雇主	
E 款	家政员意外伤害	5 万	无免赔	30 元
	家政员意外伤害医疗	5 千	100 元	

（2）方案二：

保障险种	保障项目	保障金额	免赔额	保费
B 款	雇主人身伤害	20 万	无免赔	130 元
	雇主财产损失	4 万	500 元	
	第三者责任	1 万	同雇主	
E 款	家政员意外伤害	5 万	无免赔	30 元
	家政员意外伤害医疗	5 千	100 元	

（3）方案三：

保障险种	保障项目	保障金额	免赔额	保费
C 款	雇主人身伤害	30 万	无免赔	200 元
	雇主财产损失	9 万	500 元	
	第三者责任	1 万	同雇主	
E 款	家政员意外伤害	5 万	无免赔	30 元
	家政员意外伤害医疗	5 千	100 元	

（4）方案四：

保障险种	保障项目	保障金额	免赔额	保费
D 款	雇主人身伤害	40 万	无免赔	130 元
	雇主财产损失	15 万	500 元	
	第三者责任	5 万	同雇主	
E 款	家政员意外伤害	5 万	无免赔	30 元
	家政员意外伤害医疗	5 千	100 元	

说明：A 款财产免赔额为 1000 元，1000 元以上 100% 赔付。

B、C、D 款财产免赔额 500 元，500 元以上 100% 赔付。

E 款需与 A、B、C、D 任意一款家政经营责任险组合投保，E 款限投 3 份。

E 款中家政员意外伤害医疗保险的免赔额为 100 元，超出 100 元以上部分医疗医药费用按 90% 比例赔付。

229 家政经营责任保险责任免除包括哪些情况

家政经营责任保险责任免除包括以下情况：

（1）出现下列任一情形时，保险人不负责赔偿：

①家政从业人员未满 18 周岁的。

②家政从业人员患有传染病、精神病等，不宜从事家政服务工作的。

③家政从业人员没有合法、真实、有效的身份证明的。

（2）由于下列原因造成的任何损失、费用或赔偿责任，保险人不负责赔偿：

①被保险人或其家政从业人员的故意行为、犯罪行为或重大过失。

②第三者罹患疾病、分娩、流产以及因此而施行手术。

③战争、敌对行为、军事行动、武装冲突、恐怖主义活动、罢工、暴动、民众骚乱、行政行为、司法行为。

④核爆炸。

⑤放射性污染及其他各种环境污染。

⑥接触、使用石棉、石棉制品或含有石棉成分的物质。

（3）对于下列损失、费用或赔偿责任，保险人不负责赔偿：

①现金、金银、首饰、珠宝等的损失。

②有价证券、票证、文件、账册、技术资料、图表等的损失。

③古玩、家畜、花草、树木、宠物及其他难以鉴定价值的家庭财产损失。

④车辆损失。

⑤罚款、罚金或惩罚性赔款。

⑥间接损失。

⑦在中华人民共和国境外或中国香港、澳门、台湾地区发生的第三者人身损害或财产损失。

⑧在合同或协议中约定的应由被保险人承担的赔偿责任，但即使没有这种合

同或协议，被保险人依照中华人民共和国法律（不包括港澳台地区法律）仍应承担的赔偿责任不在本款责任免除范围内。

（4）不属于保险责任范围内的其他一切损失、费用和赔偿责任，保险人不负责赔偿。

230 家政从业人员人身意外伤害保险责任免除包括哪些情况

家政从业人员人身意外伤害保险责任免除保险包括以下情况：

（1）因下列情形之一，造成被保险人身故、残疾，保险人不负给付保险金责任：

①投保人、受益人对被保险人的故意杀害、伤害。

②被保险人违法、故意犯罪或拒捕。

③被保险人殴斗、醉酒、自杀、故意自伤及服用、吸食、注射毒品。

④被保险人受酒精、毒品、管制药品的影响而发生的意外。

⑤被保险人酒后驾驶、无照驾驶及驾驶无有效行驶证的机动交通工具。

⑥被保险人流产、分娩。

⑦被保险人因整容、住院或门诊手术导致的事故。

⑧被保险人未遵医嘱，私自服用、涂用、注射药物。

⑨被保险人从事潜水、跳伞、攀岩、探险、武术、摔跤、特技、赛马、赛车等高风险运动和活动。

⑩被保险人患有艾滋病或感染艾滋病病毒（HIV 呈阳性）期间；因意外伤害、自然灾害事故以外的原因失踪而被法院宣告死亡的。

⑪战争、军事行动、暴乱或武装叛乱。

⑫核爆炸、核辐射或核污染。

（2）如发生以上情形之一，导致被保险人身故的，保险合同对该被保险人的保险责任终止。

231 投保家政责任险后成功获得赔付的案例

目前，在全国各地都有成功获得保险赔付的具体案例：

（1）雇主人身伤害责任案例。

2010 年 10 月，北京海淀某家政公司服务员李姐在客户家中照顾一位 70 多岁半自理的老人。有一天夜里，家政从业人员搀扶老人上卫生间，由于家政从业人员睡意未尽精神恍惚，未能扶稳导致老人摔倒骨折。而后立即赶往北京空军总医院进行救治，经过三个多月的住院治疗，老人的伤情基本康复，治疗费用共计 7 万多元。由于该公司的家政从业人员投保了家政经营责任险，因此，保险公司对该起事故赔付了足额赔款。这样既保障了服务员的过失责任，又承担了对雇主的人身伤害利益，同时转移了家政公司的经营风险。

（2）雇主财产损失责任案例。

2011 年 3 月，北京某公司家政从业人员小林在客户家中工作时，由于工作疏忽大意，在给客户洗衣服时不慎将雇主新买不到一周的 iphone 手机落入水中，导致手机无法开机。由于该服务员所在公司购买了家政经营责任险，立即拨打了保险公司理赔部电话报案。在理赔部的建议下，客户首先将手机送往 iphone 手机指定维修站进行维修，手机电路主板经过更换后可以正常使用，维修费用共计 3600 元。按照家政经营责任险 B 款雇主财产赔付规定，财产损失赔付免赔额为 500 元，扣除 500 元以上部分 100% 进行赔付，最后此案向雇主赔付了维修费用共计 3100 元。

（3）雇主第三者责任案例。

2009 年 8 月，北京朝阳区某家政公司服务员张姐在雇主家中工作，她的主要职责是照看 1 条宠物狗。张姐每天都会带着小狗在小区遛弯。一天，张姐带着小狗在小区内碰到了隔壁家的服务员小惠拎着一个水桶，小狗突然扑上前去，咬伤了小慧。在大家的前呼后拥下小惠随即被送往医院治疗并注射了狂犬疫苗，一个月后整个治疗过程结束，医疗费用共计 300 多元。服务员张姐所在公司投保了经营责任险，由于个人的过失对雇主家庭成员以外的人造成伤害，依法承担的相应赔偿责任，保险公司依照保险合同的约定进行了赔偿。

（4）家政从业人员意外伤害及意外伤害医疗。

2011 年 7 月，深圳某家政公司服务员刘姐在为雇主擦油烟机时，不慎从椅子上摔倒，致使右侧脑部及会阴部受伤，而后立即被送往福田区第二人民医院进行救治，保险公司按照理赔条款赔付了检查费及医疗费用约 500 元。在保险期间内，家政从业人员在工作期间或非工作期间出现意外事故所导致的意外人亡或残疾及意外伤害所发生的医疗费用等，都可以依据保险理赔条款进行赔付。

232 家政从业人员务工需要办理哪些手续

家政从业人员外出务工之前，须持身份证和其他必要的证明，在本人户口所在地的劳动就业服务机构登记并领取外出务工人员就业登记卡。

同时，外出务工的人员还应当在原居住地的计生部门办理计划生育证明，未婚人员办理未婚证，已婚人员办理计划生育证。

233 哪些人应当申领暂住证

离开常住户口所在地、拟在暂住地居住一个月以上年满16周岁的下列人员，在申报暂住户口登记的同时，应当申领暂住证：

（1）机关、团体、企业、事业单位雇佣的人员。

（2）从事工业、手工业、建筑业、运输业的人员。

（3）从事商业、饮食业、修理业、服务业的人员。

（4）从事种植业、养殖业的人员。

（5）其他需要申领暂住证的人员。

234 怎样申领暂住证

申领暂住证须持暂住人的居民身份证，并按以下规定办理：

（1）暂住在居民家中，由本人携带户主的户口簿到暂住地公安派出所申领暂住证。

（2）暂住在机关、团体、部队、企业、事业单位内部或者工地、工场和水上船舶的，由单位或者雇主将暂住人员登记造册，到暂住地公安派出所申领暂住证。

（3）暂住在出租房屋的，由房主携带租赁合同，带领其到暂住地公安派出所申领暂住证。

235 工作中导致他人人身伤害由谁承担责任

（1）如果家政从业人员与家政公司签订了劳动合同，则应当由家政公司与家政从业人员协商承担责任。

（2）如果家政从业人员没有与家政公司签订劳动合同，也没有与雇主签订雇用合同，则应当由家政从业人员与雇主共同承担责任。

（3）如果家政从业人员没有与家政公司签订劳动合同，而与雇主签订了雇用合同，则责任应当由雇主和家政从业人员共同承担。

236 工作中受到意外伤害时应怎样维护自己的权益

（1）由于家用电器发生意外事故造成伤害，如果家政从业人员与家政公司签订了劳动合同，则可按工伤处理，享受工伤保险待遇。如果家政从业人员与雇主签订了雇用合同，则家政从业人员可要求雇主承担赔偿责任。

（2）个人隐私遭到雇主侵害时，如果情节严重造成精神和物质损失的，家政从业人员可以要求雇主赔礼道歉并赔偿损失，如果遭拒可直接向当地人民法院起诉。

（3）在雇主家中遭遇入室抢劫等情形，受到伤害时，如果家政从业人员与家政公司签订了劳动合同，家政从业人员可享受工伤保险待遇。否则家政从业人员可要求雇主承担赔偿责任。此外，家政从业人员也可直接起诉侵害人。

（4）受到雇主家宠物的侵袭，身体或者精神受到伤害时，如果家政从业人员没有过错，则家政从业人员可要求雇主承担赔偿责任。

（5）在从公司到雇主家的路上遭遇意外伤害时，如果家政从业人员与家政公司签订了劳动合同，则属于工伤保险的范围，家政从业人员可享受工伤保险待遇；否则家政从业人员可与侵害人协商解决或者直接向人民法院起诉。

237 外出遭遇车祸时，造成的损失应当如何获得赔偿

（1）按照交通安全法等相关规定，首先应由保险公司在交强险责任限额范围内予以赔偿；不足部分，按照过错分担责任。

（2）一般情况下，交通事故造成的损失包括医疗费、护理费、误工费、交通费、住院伙食补助费，必要的营养费、残疾赔偿金、被扶养人生活费、精神抚慰金等。

238 来自农村的家政从业人员发生车祸，能否按城市居民标准来赔偿

根据最高人民法院民一庭《关于经常居住地在城镇的农村居民因交通事故伤亡如何计算赔偿费用的复函》（2005）民他字第25号的解释，如果受害人可以提供证明其经常居住地和主要收入来源地均为城市的证据，则受害人的损害赔偿费用可以按照当地城镇居民的相关标准计算。